AF576899

# Bikol Newspaper Reader

Chito Arcos Belchez
&
Pamela Johnstone Moguet

with a Grammatical Introduction by
R. David Zorc

Dunwoody Press
1992

All questions and inquiries should be directed to:

Dunwoody Press, P.O. Box 400, Kensington, MD, 20895

Printed and bound in the United States of America
Library of Congress Catalog Number: 91 - 70529
ISBN: 0 - 931745 - 76 - 4

# Table of Contents

## Part One - Forty-Nine Newspaper Selections

# Preface

This Reader is intended to provide the beginning or intermediate student of Bikol (also known as Bikolano) with a broad selection of articles together with all necessary lexical and grammatical information. The texts range from Level 2 to Level 3+ according to the standards defined by the U.S. Foreign Service Institute (FSI) and the Federal Interagency Language Roundtable (FILR). The articles were taken from *Aniningal* and *Balalong* (both are weekly newspapers published in Naga) and *Bicol News Today* (a Sunday paper published in Legazpi). Hence, both dialects of standard Bikol are covered. The present volume is in keeping with other similar publications by Dunwoody Press.

The first part of this book contains forty-nine selections. Each reading is accompanied by an individual vocabulary and grammatical notes. Note that words are entered in the vocabulary only on their first appearance. Although accent marks and a final glottal stop are always ignored in Bikol publications, these are included in the vocabulary at the bottom of each article and in the glossary at the end of this book. The glottal stop is written herein as an apostrophe (') rather than as **q** in some linguistic resources.

The second part of this book consists of translations of the readings, while the third part is an overall glossary cross-referenced to the vocabulary in the individual selections.

The author and editor wish to express their deepest gratitude to Don Balquin, Stephen Bladey, Franco Bucci, John D. Murphy, Annabelle Sarra, Phillip Thomas, and David Zorc for all of their assistance, suggestions, and guidance on the details and format of this reader.

C. A. B.
P. J. M.

# Abbreviations

| | |
|---|---|
| *abr* | abbreviation |
| *alt* | alternate form or spelling |
| *expr* | expression |
| *fig* | figurative meaning or usage |
| *lit* | literally means |
| *pl* | plural |
| *Tag* | Tagalog |

# Grammatical Outline

This is only a very abbreviated treatment of some major grammatical patterns in Bikol. Some occur in the readings; for an explanation of those, check the Glossary and then the first Reading which is cited. Much more detail can be found in a text or reference book (e.g., Mintz 1971 or 1985).

## Accent

Word accent is very important in distinguishing words in Bikolano. Roots generally have accent on either the second last or final syllable, as in:

| | | | |
|---|---|---|---|
| **bága** | embers | **bagá** | [emphasis marker] |
| **káso** | case | **kasó** | past marker (**kasoodma**) |
| **páting** | deaf | **patíng** | shark |
| **sáka** | cockspur | **saká** | and |

If the accent falls on the second last syllable (penult) and that syllable is not closed by a consonant (i.e., if the syllable is *open* or of the shape CV, the vowel is pronounced long), thus, [ba:ga, sa:ka] in the above examples. If the accent falls on the final syllable, then that syllable receives stress (is pronounced louder and with a slight change in pitch), while the penult is pronounced with a short vowel, e.g., [bagá, saká].

Accent can differentiate certain pairs of words, such as verbs and their noun or adjective counterparts.

| | | | |
|---|---|---|---|
| **báyad** | to pay | **bayád** | paid (in full) |
| **búhay** | to live | **buháy** | alive |
| **túrog** | to sleep | **turóg** | asleep |

## Glottal Stop

Although not indicated in Bikol publications apart from the convention of writing a preconsonantal glottal as a hyphen (-), this is a very important sound in distinguishing words:

| | | | |
|---|---|---|---|
| **bágo** | before | **ba'gó** | new <<**ba-go**>> |
| **bála** | bullet | **balá'** | rod, stick |
| **Máyo** | May | **mayó'** | none |

Usually when a word ends in a glottal stop and is followed by the ligature **na** (or its alternate **-ng**), the glottal stop is lost and the forms are fused:

| | | | | |
|---|---|---|---|---|
| **baréta'** | + | **-na** | **barétang** | news |
| **harayó'** | + | **-na** | **harayóng** | far, distant |
| **máyo'** | + | **-ng** | **máyong** | there are none |
| **saró'** | + | **-ng** | **saróng** | one |

## Affixation / Marking

Grammatical relations are shown either by particles (**an, si, kan, na, mga, ka,** etc.) or by four kinds of affixes:

Prefixes (which come before a root word), e.g., **i-, ika-, ma-, mag-, na-, naka-, pa-, pag-, pig-** (see examples in the composite glossary).

Infixes (which come after the first consonant (C-) but before the first vowel of a stem), e.g., **binulnót, ginámit, ginatós, idinagdág** (-in-), **barágay, haralangkáw, gurunítan** (-Vr-), **duminulág** (-umin-), and **gumána** (-um-). Note that glottal stop begins all words that appear to have a vowel first, e.g., **'ináko'**.

Suffixes (which come after the root), e.g., **dumanán, listahan, simbahan** (-an / -han), **dangógon, darahón, ulangón** (-on / -hon).

Circumfixes (which consist of a prefix & suffix or an infix & suffix that belong together), e.g., **kadagátan, kadaklán** (ka--an), **pagirinítan** (pag--Vr--an), **linala'óman** (CinV--an)

Partial Reduplications (CV-, which are the doubling of the first consonant and vowel of a root), e.g., **gigibohon, ginagámit, gigíbo, hahagadon, ibubugták, idudúlot, paglilikidár.**

## The Parts of Speech

1. Nouns or nominals are of four kinds: common nouns (with **an**-type markers), personal names (marked with si), pronouns (e.g., **akó, iká, kitá, sa'íya**), and demonstratives (e.g., **iní, iyán** -- also called "deictics").

Common nouns are distinguished for three cases: a topic or subject form (equivalent to the nominative case), an associate form (equivalent to both a genitive and an object marker, marking a direct relationship to a verb or head noun), and a oblique form (marking an indirect object or location). Plurality is generally shown by **mga** [pronounced **mangá**], which indicates a "variety" or "assortment" of what the noun signifies.

Personal names are also distinguished for three cases, but are marked for singular or plural. The plural here (e.g., **sa(ra) Pedro**) is the equivalent of *Peter and family* or *Peter and his companions*, etc.

| | Common Nouns | | Personal Names | |
|---|---|---|---|---|
| | general | specific | singular | plural |
| Topic/Focus | **an** | **so / si** | **si** | **sa(ra)** |
| Associate | **nin / ki** | **kan** | **ni** | **na** |
| Oblique | **sa** | | **ki / ke** | **ka** |

Nouns are linked to adjectives or other parts of speech by means of a ligature or linking particle, **na**, with an alternate **-ng** after vowels.

Pronouns are generally like their English equivalents, but there are inclusive vs exclusive forms for we, and a singular versus plural form for you:

| Pronoun | Topic | Associate | | Oblique | |
|---|---|---|---|---|---|
| | | short | full | full | short |
| I | **akó** | **-ko** | **ni'áko'** | **sakúya'** | **sakó'** |
| you [singular] | **iká / ka** | **-mo** | | **sa'ímo** | |
| he / she | **si(y)á** | | **níya** | **sa'íya** | **saia** |
| we [+ you / incl] | **kitá** | **-ta** | **ni'áto'** | **satúya'** | **sató'** |
| we [- you / excl] | **kamí** | **mi** | **ni'ámo'** | **samúya'** | **samó'** |
| you [plural] | **kamó** | | **nindó** | **sa'indó** | |
| they | **sindá** | | **nindá** | **sa'indá** | |

Demonstratives (deictics) show three different locations (*near me, near you, far away*); forms related to these also indicate time:

| | Near me | Near you | Far away |
|---|---|---|---|
| Topic | **iní** | **iyán** | **itó ~ idtó** |
| Associate | **ka'iní** | **ka'iyán** | **ka'itó** |
| Location | **digdí** | **diyán** | **dumán** |
| Time | | **ngonián** | **niya'ón** |

Noun formations include a smallish system of gerunds or other derived forms. Although they all have the sense of *-ing* in English, they are nouns emphasizing the place, instrument, time or manner of an act:

| Affixes | Role | Example | Translation |
|---|---|---|---|
| **-an** | place | **bunó'an** | slaughterhouse |
| | | **simbáhan** | church |
| **-Vr--an** | plural act | **hara'bónan** | stealing |
| | | **pirili'an** | election |
| **ka-** | colleague | **katuwáng** | assistant |
| **ka--an** | collective | **kabikólan** | Bikol region |
| **ka--an** | abstraction | **katuyúhan** | reason, purpose |
| | | **ka'aráman** | knowledge |
| **para-** | profession | **para'óma** | farmer |
| | | **paragíbo** | maker |
| **tagapag-** | occupation | **tagapagbaréta'** | newscaster |
| | | **tagapagtarám** | speaker |
| **pag-** | act of | **pagbisíta** | visit(ing) |
| | | **pagbáyad** | payment |
| **pagCV-** | act / manner | **paghahánap** | act of searching |
| | | **pagbabalík** | returning |
| **pagka-** | way / state | **pagkasaksák** | stabbing |
| | | **pagkalamós** | drowning |
| **pang-** | reservational | **pampúbliko** | for the public |
| **pangCV-** | plural gerund | **pang'a'apí** | abuses |
| | | **pang'a'abúso** | offenses |
| **paNVN-** | process result | **pamamayó** | head, chief |
| | | **panunumpá'** | oath-taking |
| **paNVN--an** | locus result | **paninindógan** | principles |

2. Numerals are not a separate part of speech; they fall within the noun class. However, in Bikol (as in most other Philippine languages) there is a native as opposed to a Spanish set. This can cause some confusion as to pronunciation when an Arabic number (such as 3 or 10) is encountered. As a general rule, phrases that involve time, money and compound numbers use Spanish loans, while counting in a series (usually up to ten) or naming simple numbers is done with the original system:

| | | |
|---|---|---|
| 1 | **saró'** | **úno** |
| 2 | **duwá / duá** | **dos** |
| 3 | **tuló** | **tres** |
| 4 | **apát** | **kuátro** |
| 5 | **limá** | **síngko** |
| 6 | **anóm** | **sa'ís** |
| 7 | **pitó** | **si(y)éte** |
| 8 | **waló** | **otsó, ochó** |
| 9 | **siyám** | **nu(w)ébe** |
| 10 | **sampúlo'** | **di(y)és** |
| 11 | | **ónse** |
| 12 | | **dóse** |
| 13 | | **trése** |
| 15 | | **kínse** |
| 20 | **duwáng púlo'** | **beinte** |
| 25 | **duwáng púlo' asín limá** | **beinte-síngko** |
| 30 | **tulóng púlo'** | **treynta** |
| 40 | **apát na púlo'** | **kuwarénta** |
| 50 | **limáng púlo'** | **singkuwenta** |
| 60 | **anóm na púlo'** | **sisénta** |
| 70 | **pitóng púlo'** | **seténta** |
| 80 | **walóng púlo'** | **otsénta** |
| 90 | **siyám na púlo'** | **nobénta** |
| 100 | **gatós** | **si(y)énto(s)** |
| 500 | **limáng gatós** | **kinyéntos** |
| thousand | **ríbo** | **mil** |
| million(s) | | **milyón(es)** |
| billion | | **bilyón** |

Note that dates use the Spanish numbering system almost exclusively:

| | |
|---|---|
| 1917 | **mil nuwébe siyéntos dies i siete** |
| 1986 | **mil nuwébe siyéntos otsénta i sa'ís** |

To provide the reader with examples, Spanish numbers have been included in the vocabularies for the first three selections.

3. Question words include interrogative pronouns and other parts of speech that are used in asking questions:

| | |
|---|---|
| **anó** | what? |
| **anumán** | whatever? |
| **sí'isay** | who? |
| **há'in** | where at? |
| **sa'ín** | where is? |
| **pirá** | how many?, how much? |
| **kasó'arín** | when (in the past)? |
| **nu'arín** | when (in the future)? |
| **ta'nó / ta'dáw** | why? |

4. Verbs are inflected for the following categories:

Voice

Active emphasizes an actor or a meteorological event:

| | |
|---|---|
| **duminulág** | (he) escaped |
| **nagsábi** | (she) said |

Passive emphasizes an object affected or taken in:

| | |
|---|---|
| **abotón** | be reached |
| **hahagadon** | will be asked |

Instrumental emphasizes an object moving away:

| | |
|---|---|
| **ibugták** | be put (down) |
| **itina'ó** | was given (away) |

Local emphasizes an object partially affected or a beneficiary - "for whom" or "to whom":

| | |
|---|---|
| **ta'wán** | be given to |
| **napirítan** | was forced |

Tense

Past - action already begun = past time statements:

| | |
|---|---|
| **nagsábi** | said |
| **itina'ó** | was given |

Progressive - ongoing action:

| | |
|---|---|
| **nagsasábi** | were saying |
| **namumugtakán** | being located |

Contingent - action not yet begun, infinitive or command:

| | |
|---|---|
| **gumána** | to win |
| **paghali'on** | be sent away |

Future - action expected to occur [ = contingent + CV-]:

| | |
|---|---|
| **má:dará** | is going to bring |
| **babayádan** | will be paid |

Aspect

Punctual - action viewed as a single event (-**um**-) used for intransitive verbs, simple statements about an action, one action following upon another

Durative - action viewed as an ongoing process (**mag**-) used for transitive verbs, emphatic statements about an action

Distributive - complex process or plural object (**mang**-)

Mood

Factual ("is ...ing", "does ..." or "did ..." = *UNMARKED*):

| | |
|---|---|
| **nagsábi** | said |
| **nagtata'ó** | is giving |

Potential - "can/could", stative, or accidental:

| | |
|---|---|
| **nakasábi** | could say |
| **nakakata'ó** | can give |

Bikolano Verb Chart

| | Past | Progres. | Contin. | Future |
|---|---|---|---|---|
| Active | | | | |
| Punctual | **-umin-** | | **-um-** | **má:-** |
| Durative | **nag-** | **nagCV-** | **mag-** | **magCV--** |
| Distributive | **naN-** | **naNVN-** | **maN-** | **maNVN-** |
| Potential | **naka-** | **nakaCV-** | **maka-** | **makaCV-** |
| Passive | | | | |
| Punctual | **-in-** | **CinV-** | **-(h)on** | **CV--(h)on** |
| Durative | **pig-** | **pigCV-** | **pag--on** | **pagCV--on** |
| [alternate] | **pinag-** | **pinagCV-** | | |
| Distributive | **pinaN-** | **pinaNVN-** | **paN--on** | **paNVN--on** |
| Potential | **na-** | **naCV-** | **ma-** | **maCV-** |
| Instrumental | | | | |
| Punctual | **i-in-** | **iCinV-** | **i-** | **iCV-** |
| Durative | **ipig-** | **ipigCV-** | **ipag-** | **ipagCV-** |
| [alternate] | **ipinag-** | **ipinagCV-** | | |
| Distributive | **ipinaN-** | **ipinaNVN-** | **ipaN-** | **ipaNVN-** |
| Potential | **(iki)na-** | **(iki)naCV-** | **ma'i-** | **ma'iCV-** |
| Local Passive | | | | |
| Punctual | **-in--an** | **CinV--an** | **-an** | **CV--an** |
| Durative | **pig--an** | **pigCV--an** | **pag--an** | **pagCV--an** |
| [alternate] | **pinag--an** | **pinagCV--an** | | |
| Distributive | **pinaN--an** | **pinaNVN--an** | **paN--an** | **paNVN--an** |
| Potential | **na--an** | **naCV--an** | **ma--an** | **maCV--an** |

The verb system also has other frequently used affixes:

| | | | |
|---|---|---|---|
| Causative | pa- | nagpaluwás | released |
| Stative | ka- | nagkaeriríd o | were injured |
| Mutual Activity | pakipag- | pakikipagtabángan | in cooperation with |

5. Negatives in Bikol are used to express the sense of *not*, but do so in a more complex fashion than their English counterparts:

| | |
|---|---|
| **harí** | don't, do not! [negative imperative] |
| **bakó'** | not (so) [negates a noun or adjective] |
| **da'í** | will not, did not [negates a verb] |
| **máyo'** | no, none, there is none, does not have [negates the existential **igwá**] |

6. Prepositional Elements operate much like prepositions in English, indicating *place, position, time, cause,* etc. In Bikol they consist of phrases. In one type, the preposition is always followed by the article **sa**:

| | |
|---|---|
| **gíkan sa** | from |
| **halí' sa** | from, out of |
| **hanggán sa** | up to, until |
| **haraní sa** | close to |
| **harayó' sa** | far from |
| **manongód sa** | about, regarding |
| **sagkód sa** | up to, until |
| **segun sa** | according to |

In another, it is followed by the article **kan**:

| | |
|---|---|
| **apuéra kan** | apart from, besides |
| **árog kan** | like, such as, similar to |
| **búnga kan** | originating from |
| **húli' kan** | because of, due to |
| **po'ón kan** | from, starting with |

They also are used in fixed phrases of the type **sa** preposition **kan**:

| | |
|---|---|
| **sa atubángan kan** | in front (of) |
| **sa irárom kan** | under(neath), below |
| **sa itá'as kan** | above, on top of |
| **sa la'óg kan** | inside, within |
| **sa likód(án) kan** | behind |
| **sa luwás kan** | outside of, apart from |
| **sa táhaw kan** | between, in the middle (of) |
| **sa tu'ó kan** | at the right side of |

7. Adjectives are descriptive words, similar to their English counterparts. There are three major kinds in Bikol.

a. Roots. Adjective roots are forms that do not have prefixes or other affixes:

| | |
|---|---|
| **ba'gó** | new |
| **bílog** | whole, entire |
| **dakól** | many |
| **dakúla** | big, large, great |
| **dáti** | previous, former |
| **mahál** | dear, expensive |

Most are generally marked with prefixes, being formed in one or another of the following ways:

b. MA-. The majority are roots marked by the prefix **ma**-:

| | |
|---|---|
| **madalí'** | easy, quick |
| **magayón** | beautiful |
| **mahúsay** | good (at) |
| **ma'ínit** | hot, heated |
| **malínaw** | clear |
| **malínig** | clean |
| **malúya** | weak; poor |
| **mamundó'** | sad, lonely |
| **ma'ogmá** | happy |

Some of these forms can serve as adverbs when they follow a verb:

| | |
|---|---|
| **ma'igó'** | carefully |
| **malínaw** | clearly |
| **ma'ogmá** | happily |
| **matagás** | hard [lit: tough] |

c. HA-. A small set of words that denote dimension (height, length, weight, etc.) or distance are marked by **ha**-:

| | |
|---|---|
| **hababá'** | low |
| **habábaw** | shallow; poor |
| **halangkáw** | high |
| **haraní** | near, close |
| **harayó'** | far, distant |

The comparitive degree is marked by the particle **mas** more (no instances occur in the selections herein).

The superlative degree is marked by the prefix **pinaka-**:

| | |
|---|---|
| **pinaka'énot** | first, initial |
| **pinakamarháy** | best |
| **pinakasadít** | smallest |

8. Discourse particles add color, inject mood, state an opinion, indicate relative time, or give some form of contextual meaning to spoken or written speech. Sometimes they are very difficult to translate into English. Note that most of them follow the word or phrase they modify. These can be subdivided into the following basic functions:

a. Question & Answer Particles:

| | | |
|---|---|---|
| **da'á** | supposedly | (marks a rumor or report) |
| **kayá'** | since, because | (explains or gives a reason) |
| **kutá'** | would have | (marks speaker's wish/hope) |
| **man** | also, too | (marks a reply or sequence) |
| **namán** | additionally | (continuation or sequence) |
| **tábi'** | please | (used for politeness) |

b. Time-Oriented Particles:

| | | |
|---|---|---|
| **na** | already, now | (action or state has begun) |
| **pa** | still, yet | (action or state not yet begun) |
| **dángan** | first; and then | (action to follow) |
| **pérme** | always | (applies all the time) |

c. Limiting Particles:

| | | |
|---|---|---|
| **saná** | just, only | (limits the scope of a word) |
| **lang / lámang** | only, merely | [alternates of **saná**] |
| **daw** | perhaps | (speculation) |
| **garó** | somewhat | (similarity or possibility) |
| **báka'** | maybe | (low possibility) |
| **gayód** | probably | (probable, high possibility) |

d. Emphasis Particles:

| | | |
|---|---|---|
| **bagá** | after all | (emphasis or affirmation) |
| **lálo** | more so | (indicates excessiveness) |
| **lugód** | very, really | (intensifies word or phrase) |
| **mismo** | even | (specifies as unique or special) |
| **ngáni'** | indeed | (confirmation or emphasis) |
| **palán** | oh!, really! | (indicates surprise or discovery) |

9. Conjunctions link grammatical units such as words, phrases or clauses:

| | |
|---|---|
| **asín** | and [simple coordination, formal or written speech] |
| **budá'** | and [Legazpi dialect] |
| **saká / sagkód** | and [less formal speech] |
| **alágad** | but, rather, however [contrast] |
| **apesár** | despite, in spite of |
| **kundí'** | but (also); however |
| **kun** | if [conditional]; when [temporal] |
| **maski** | although, even (if) |
| **o** | or |
| **pagkatápos** | after |
| **péro** | but (on the contrary) |
| **ta** | because, since, for [reason] |
| **tangáni(ng)** | so that, in order to |

## Sound Changes Within a Word
## (Morphophonemic Changes)

After certain prefixes (e.g., **maN-**, **paN-**, or **hiN-**) the first consonant of the root word is lost and replaced by a nasal (m for b/p, n for d/t/s, ng for k/g):

| | | | |
|---|---|---|---|
| m/b | **namamanwa'an** | citizens | **naNVN--an + banwa** |
| m/p | **pamayó** | leadership | **paN- + payó** |
| n/t | **pananagá'** | hacking | **paNVN- + tagá'** |
| | **paninindógan** | principles | **paNVN- - an + tindóg** |
| n/s | **hinanakít** | grudges | **hiNVN- + sakít** |
| | **panunumpá'** | oath-taking | **paNVN- + sumpá'** |

In the case of some NOUNS and INSTRUMENTAL ADJECTIVES, it is the final ng of the prefix that adjusts to the first consonant of the root word:

| | | |
|---|---|---|
| **pambáto'** | best bet | **pang- + báto'** |
| **pandadakóp** | consecutive arrests | **pang- + CV- + dakóp** |
| **panggána** | in winning | **pang- + gána** |
| **pangkina'bán** | universal | **pang- + kina'bán** |

# High Frequency Words

The following words occur at least ten times in the selections in this reader. They are listed in order of the frequency of occurrence, but without any indications of their use or meaning. As an exercise, write down their meaning and/or grammatical function as you learn them, or at various stages in your progress through this book.

| | |
|---|---|
| sa | 553 |
| na | 523 |
| kan | 490 |
| an | 392 |
| nin | 185 |
| mga | 171 |
| asin | 137 |
| ni | 95 |
| man | 92 |
| si | 62 |
| sarong | 61 |
| ini | 57 |
| manga | 49 |
| dai | 47 |
| pa | 46 |
| iyo | 37 |
| saiyang | 36 |
| siudad | 36 |
| barangay | 33 |
| digdi | 33 |
| kun | 30 |
| alkalde | 27 |
| npa | 27 |
| o | 26 |
| soboot | 26 |
| gobierno | 23 |
| may | 23 |
| nasabing | 23 |
| kaini | 22 |
| para | 22 |
| sinabi | 21 |
| ta | 21 |
| alagad | 20 |
| bulan | 20 |
| huli | 20 |
| saindang | 19 |
| sana | 18 |
| tanganing | 18 |
| banwaan | 16 |
| daa | 16 |
| mayor | 16 |
| hali | 15 |
| ilegal | 15 |
| kaya | 15 |
| san | 15 |
| segun | 15 |
| pamayo | 14 |
| pang | 14 |

| | |
|---|---|
| dating | 13 |
| kaso | 13 |
| PC | 13 |
| saro | 13 |
| aldaw | 12 |
| Maceda | 12 |
| mantang | 12 |
| militar | 12 |
| pagkatapos | 12 |
| taon | 12 |
| biktima | 11 |
| grupo | 11 |
| hueteng | 11 |
| kahoy | 11 |
| miembros | 11 |
| munisipio | 11 |
| naging | 11 |
| operasion | 11 |
| probinsia | 11 |
| ka | 10 |
| kada | 10 |
| mayo | 10 |
| nagtalikod | 10 |
| negosiante | 10 |
| opisina | 10 |
| polisia | 10 |
| presidente | 10 |
| proyekto | 10 |
| salog | 10 |
| senador | 10 |

# Spelling Variations

Although spelling conventions generally tend to follow the more phonetically-based Tagalog (or Pilipino) system, some Bikolanos tend to emulate the Spanish spelling system. Although many of the selections here have been edited to conform with the national system, it would not be unusual for you to encounter multiple spelling variations, even within the same article.

| | | |
|---|---|---|
| **ahéntes** | **agéntes** | agents |
| **enot** | **inot** | first, lead |
| **Hunió** | **Hunyó** | June |
| **huwés** | **hués** | judge |
| **merkádo** | **mercado** | market |
| **namerwísio** | **namerjuicio** | disrupted |
| **opinión** | **opinyón** | opinion |
| **ótso** | **ochó** | eight |
| **pisos** | **pesos** | Philippine currency |
| **porsiénto** | **porciénto** | percent |
| **puwésto** | **puésto** | post, position |
| **siudád** | **ciudád** | city |
| **siyento(s)** | **sientos** | hundred |
| **suspetsádo** | **suspechádo** | suspected |

Even in words that are genuinely Bikol, some spelling differences can be encountered, especially with regard to **o** and **u**:

| | | |
|---|---|---|
| **omá** | **umá** | farm; rice fields |
| **matonínong** | **matunínong** | peaceful |

# References

English, Leo James, C.Ss.R. 1977. *English-Tagalog Dictionary.* Manila: National Book Store.

-----. 1986. *Tagalog-English Dictionary.* Manila: Capitol Publishing House.

Mintz, Malcolm W. 1971. *Bikol Dictionary.* PALI Language Texts: Philippines. Honolulu: University of Hawaii Press.

Mintz, Malcolm Warren & José Rosario Britanico. 1985. *Bikol-English Dictionary (Diksionariong Bíkol-Inglés).* Quezon City: New Day Publishers.

Mintz, Malcolm W. 1971. *Bikol Grammar Notes.* PALI Language Texts: Philippines. Honolulu: University of Hawaii Press.

Panganiban, Jose Villa. 1972. *Diksyunaryo-Tesauro Pilipino-Ingles.* Quezon City: Manlapaz Publishing Co.

Santos, Vito C. 1983. *Vicassan's Pilipino-English Dictionary.* Manila: National Book Store, 4th printing, 1988.

# Part One

# Forty-Nine Newspaper Selections

# Selection One

## Marijuana

Maabot na sa 500 gramos nin marijuana an nagkatiripon na kan mga ahentes kan Narcotics Command sa Siudad nin Iriga hali sa mga suspetsadong parapabakal asin mga paragamit kaini sa lagduan na operasion durante kan nagtalikod na mga bulan.

## Vocabulary

**ahéntes** agents [alt: **agéntes**]
**an** noun marker
**asín** and
**búlan** month [lit: moon]
**duránte** during
**grámos** grams
**háli'** from, to come from
**Iriga** city in Bikol region
**kainí** of these; this
**kan** noun marker (specific)
**kinyéntos**(500) five hundred
**lagdú'an** all out [lit: being sold wholesale]
**maabót** almost; will reach about
**mga** plural noun marker [alt: **manga**]
**na** now; already
**na** linker used in adjectival phrases
**nagkatirípon** were confiscated [lit: **típon**-to collect, to assemble]
**nagtalikód** past [lit: to turn around]
**nin** noun marker (non-specific)
**operasión** operation
**paragámit** users
**parapabákal** drug pushers [lit: vendor, seller]
**sa** locative marker (at, to, in); time marker
**siudád** city [alt: **ciudád**]
**suspetsádo(ng)** suspect; suspected [alt: **suspechádo**]

# Selection Two

## Kakanan Sa Naga

An Daybreak Crisailer, saro sa mga pamosong kakanan sa Siudad nin Naga, mabukas na kan "Kakanan sa Naga"puonsa Hunio 15.

Ini an maogmang pahayag kan maysadiri kan kakanan na si Mrs. Ding Echalas.

## Vocabulary

**Húnio** June [alt: **Húnyo**]
**iní** this; of this, these
**kakánan** eatery
**kínse**(15) fifteen
**mabukás** will open
**maogmá(ng)** happy; good
**maysadíri** owner
**Nága** city in Bikol region
**paháyag** announcement
**pamóso(ng)** famous; well known
**pu'ón** starting
**saró'** one, one of
**si** personal name marker (singular)

# Selection Three

## Proyektos sa Ocampo

Ocampo, Camarines Sur—Pigboyagyag ni Alkalde Rolando Go Belaos an mga proyektos kan munisipio sa taon 1986.

Sinabi ni Belaos na matatapos sa Febrero an P2 milyones na sistema sa patúbig sa estado nin Garchitorena, an waterworks sa Villaflorida asin an saro pang barangay health center sa Barangay Poblacion.

An total na general budget kan Ocampo maabot sa P500,000 mantang an infrastracture funds maabot sa P250,000.

Kaibahan sa naginibohan kan administrasion iyo an pagpakarhay kan munisipal building sa kantidad na P300,000, an pagpatindog nin P300,000 na merkado, an pagkonstruir nin P2.4 milyones na gripo nin tubig, an pagrip-rap kan magibong-ibong na parte kan tinampo sa kantidad P800,000 asin dakol pang iba.

Segun ki Bise Alkalde Manuel Ibatan an minimum na singil ninda P10 sa lambang pamilia sa gripo na pampubliko asin P20 sa lambang harong bulan-bulan.

## Vocabulary

**administrasión** administration
**Alkálde** Mayor
**barángay** village
**beínte** twenty
**Bise Alkálde** Vice Mayor
**bulán-búlan** monthly; every month
**Camarínes Sur** a province in the Bikol region
**dakól** many
**diyés** ten
**dos** two
**dos punto kuwatro** 2.4
**dos siyentos singkuwenta mil** 250,000
**estádo** area [lit: state]
**Febréro** February [alt: **Pebréro**]
**Garchitorena** name of a district in Camarines Sur
**grípo** faucet
**hárong** household; shelter; home
**ibá** other
**iyó** marker used to emphasize the aforementioned
**kaibáhan** included [**iba**-to come along with someone]
**kantidád** budget [ lit: amount, price]
**ki** personal name marker (in the oblique)
**lambáng** every; each
**magibóng-ibóng** on both sides
**mántang** while
**matatápos** will be finished [**tápos**-finish, end]
**merkádo** market [alt: **mercado**]
**mil** thousand
**mil nuwebe siyentos otsenta i sais** 1986
**milyón(es)** million
**munisipál** municipal
**munisípio** municipal building
**naginibóhan** completed projects; work done; accomplishment [**gíbo**-make or do]
**ni** personal name marker
**nindá** they; their
**nuwébe** nine
**Ocámpo** a town in Camarines Sur
**otso siyentos mil** 800,000
**pagkonstruír** construction [**konstruír** - to construct]
**pagpakarháy** renovation [**ráhay**-good, fine]
**pagpatindóg** the establishment, building, erecting [**tindóg**-to stand, to build]
**pagrip-ráp** reinforcements, retaining walls [**rip-rap**-referring to breakwater or riverbank supports]
**pamília** family
**pampúbliko** for the public [**públiko**]
**pa(ng)** yet; still; also
**párte** parts
**patúbig** irrigation system, waterworks system [**túbig**-water]
**pésos** Philippine unit of currency(pl) [alt: **písos**] [abr: P]
**pigboyagyág** declared
**Población** a name of a barangay of Ocampo, central part of a town
**proyéktos** projects
**según** according to
**siyénto(s)** hundred [alt: **siéntos**]
**sinábi** said, was said [**sábi**-to say]
**singíl** charge; to collect money from debts
**sistéma** system
**ta'ón** year
**tinampó** road, street, highway
**tres siyentos mil** 300,000
**túbig** water
**Villaflorida** name of a barangay of Ocampo

# Selection Four

## Philippine Army Engineering Battalion

Dakulang bagay an eksistensia kan Engineering Batallion kan Philippine Army (PA). Dakol sindang pig-konstruir na mga eskuelahan.

Dai na nagkukua nin 10 porsiento, kun may savings, inuuli pa. Harayo na marhay sa patrabaho kan DPWH asin mga swítik na contractors.

Mabuhay an Engineering Batallion kan PA!

## Vocabulary

**bágay** thing, matter
**da'í** do not; no
**dakúla(ng)** great, big
**DPWH** Department of Public Works and Highways
**eskuela(hán)** school building [**eskuéla**-school]
**eksistensía** existence
**harayó'** [fig.] different, far [**rayó'** - distant]
**inuulí'** is being returned [**ulí'** - to return back; change]
**kun** if
**mabúhay** Long Live ...! [**buhay**-life]
**marháy** very (much) [**raháy**-good, fine]
**may** there is
**nagkuku'á** [fig.] charge [**ku'á**-to take]
**PA** Philippine Army
**patrabáho** construction [**trabaho**-work]
**pigkonstruír** constructed [**konstruír**-to construct]
**porsiénto** percent [alt: **porciénto**]
**sindá(ng)** they, their
**swítik** greedy, dishonest [lit: a cheater]

# Selection Five

## Programa sa Radyo

An mga bareta sa periodikong *Balalong* † itatampok man sa bagong programa sa estasion DWRN sa Siudad nin Naga.

An Dateline Bicol, sarong programa nin pagbabareta madadangog puon alas 8:00 hasta 8:30 nin banggi Lunes sagkod sa Sabado.

An anchorman kan programa iyo si Mar O. Joson. Kaibahan man sa madara kan impormasion iyo an mga piniling tagapagbareta sa Bicol.

## Vocabulary

**alás** o' clock

**ba'gó(ng)** new

**Balalóng** name of a newspaper in Bikol

**banggí** evening, night [alt: **banguí**]

**baréta'** news

**estasión** station

**hastá** until; up to

**impormasíon** information

**itatampók** will be featured [**tampók**-a precious stone, gem]

**Lúnes** Monday

**madadangóg** will be heard [**dangóg**-to hear, to listen to]

**madará** (is going to) bring [**dará**-to bring, to take]

**man** also, too

**ótso** eight [alt: **ochó**]

**pagbabaréta'** news reporting [**baréta'**-news]

**periódiko(ng)** newspaper [lit: periodical]

**piníling** selected, chosen [**píli'**-to select, to choose]

**prográma** program

**rádyo** radio

**Sábado** Saturday

**sagkód** through; until, up to, and

**saró(ng)** one

**tagapagbaréta'** newscaster or newsreporter

**y média** half (past the hour)

† **Balalong** means a piece of bamboo which is struck to call villagers to a meeting or other event.

# Selection Six

## Mga Radio Stations Nakahook-up

May mga estasiones nin radio na naghohook-up sa DWRB. Dai man lamang natao nin kredito.

Marhay ta minapaaram man!

Kulibat, bisitaha man nindo an saindong estasion nin radio. Niyaon sa Civic Center. Maski anong oras bukas an puertahan.

Bako sanang mag-bisita kundi magdangog man.

## Vocabulary

**anó(ng)** what
**bakó'** not; do not
**bisitáha** visit (a command or request)
**bukás** open
**estasiónes** stations
**krédito** credit
**kulibát** please remember..., by the way [expr]
**kundí'** but also
**lámang** even, only, just
**mag-bisíta** to visit
**magdangóg** to listen
**máski** even if, it doesn't matter
**minapaáram** ask permission [**áram**- to know]
**naghohook-up** are hooking up
**nakahook-up** were able to hook up
**nata'ó** give (credit) [**ta'ó**-to give]
**nindó** you (pl)
**niyáon** (It is) there; over there, over here
**óras** time; hours
**puertáhan** door
**saindó(ng)** your(s), for you(pl)
**saná(ng)** only, just,
**tá** that

# Selection Seven

## Suweldo nin mga Empleado sa Gobierno

An suweldo palan kan manga empleado sa gobierno haralangkaw nang maray basado sa Standardization Law mapadapit sa suweldo. Sa Tabaco an suweldo kan Mayor P10,436.00 asin may dagdag na P1,802.00 para sa representation and traveling allowance (RATA) kada bulan. Para sa Vice Mayor, P8,539.00 asin P1,604.00 (RATA), an manga Municipal Councilor (kagawad), P7,601 plus P1,604.00 (RATA). Ano daw kun† tama man an saindang serbisiong tinatao sa konstituentes basado sa saindang suweldo?

## Vocabulary

**anó** what
**basádo** based on
**dagdág** additional
**daw** indicates speculation on part of speaker
**empleádo** employee
**gobiérno** government
**haralangkáw** very high [**halangkáw**- high, tall]
**káda** every
**kagáwad** municipal councilor [Tag]
**konstituéntes** constituents
**mánga** noun plural marker [alt: **mga**]
**mapadapít** regarding
**maráy** very, very much
**na(ng)** already + linker
**palán** indicates surprise
**pára** for
**saindá(ng)** their, theirs
**serbísio(ng)** services
**suwéldo** salary
**Tabacó'** town in the province of Albay
**táma'** right, true, correct
**tinata'ó** being given [**ta'ó**-to give]

† **Ano daw kun** is an expression meaning what if, what about, I wonder.

# Selection Eight

## Suweldo ni RTC Judge Rhodie Nidea

An suweldo daa ni RTC Judge Rhodie Nidea minaabot na sa P21,000.00 kaiba na an allowance kada bulan. Puwedeng totoo ini huli ta kaito kan Municipal Judge siya sa Pasacao "stainless" pa an pig-iinom, paka destino sa Tabaco komo RTC Judge, beer an saiyang brand, ngonian nahiling ko sagkod an sakuyang Publisher an pig-iinom Fundador na, sign of progress!

## Vocabulary

**da'á** indicates reported speech, "they say"

**destíno** assigned

**Fundadór** a brand of whiskey

**húli'** because

**kaibá** including [lit: **ibá**-to go with, to accompany]

**kaitó** formerly; before; previously

**ko** I, by me

**kómo** as

**minaabót** will be reaching [**abót**-reach]

**nahilíng** saw, been seen [**hilíng**-to see]

**ngonián** now; today [alt: **ngunyán**]

**paka** while, when

**Pasacao** a town in Camarines Sur

**pig-iinóm** drink(ing) [**inom**-to drink]

**puwéde(ng)** could possibly

**RTC** Regional Trial Court

**saíya(ng)** his, hers, its

**sakúya(ng)** my, mine

**siyá** he, she

**stainless** colloquial term used to refer to a local gin because of its clear bottle and content

**toto'ó** true

## Selection Nine
*•Section 9.1*

### Mayor Rellora: "Exposé" ni Maceda "Kaputikan"

Lagonoy, Camarines Sur—Makusog na pinagnegaran ni Mayor Alfredo "Nongnong" Rellora an sahot ni Senador Ernesto Maceda na siya nagsusuporta sa mga rebeldeng CPP/NPA sa saiyang diskurso durante kan simple alagad makahulugan na selebrasion kan ika-92 na Independence Day anniversary kan nasion digdi kan Martes na aga.

Sinabi ni Rellora sa atubangan kan saiyang manga konstituentes na so ginibong privilege speech ni Maceda kan nakaaging bulan duman sa senado na idinawit so saiyang pangaran sa manga soboot nagtatabang sa manga rebelde digdi sa Kabikolan dakulang kaputikan asin pagratak kan saiyang honra y prestihio bilang sarong serbidor nin banwaan.

Segun sa alkalde, an gabos na tawo sa Lagonoy nakakaaram kan saiyang makusog na pagkontra sa manga taga-luwas asin pirang beses na niyang ipinagdenunsia sa publiko an manga ilegal na aktibidad kan manga miembro kan CPP/NPA lalong-lalo na an pagkolekta soboot kan grupong ini kan inaapod na "progressive taxation".

## Vocabulary

**ága** morning
**aktibidád** activities
**alágad** but, however
**atubángan** before; in front of
**banwá'an** town, country
**béses** number of times, occurrences
**bílang** as, in the role of
**CPP** Communist Party of the Philippines
**digdí** here
**diskúrso** speech; discourse
**dumán** there
**gabós** all, everyone
**giníbo(ng)** delivered, made [**gíbo**]
**grúpo(ng)** group
**hónra** honor
**idinawít** was linked [**dawít**-to be involved with]
**ika-** prefix which marks an ordinal number
**ilegál** illegal
**inaapód** so-called; alleged [**apód**-to call]
**ipinagdenúnsia** was denounced [**denúnsia**-to denounce]
**kabikólan** the Bikol region; the area of southern Luzon comprised of the provinces of Albay, Camarines Norte, Camarines Sur, Catanduanes, Masbate, and Sorsogon
**kaputíkan** lies [**putík**-mud, lie]
**Lagonoy** a town in Camarines Sur
**lálong-lálo** most especially
**makahulugán** meaningful [**kahulugán**-meaning; significance]
**makusóg** strong [**kusóg**-strength]
**Mártes** Tuesday
**miémbro** member
**nasión** nation
**nagsusupórta** supporting [**supórta**-to support]
**nagtatábang** supporting or helping [**tábang**-to help]
**nakaági(ng)** last; past (denoting time)
**nakakaáram** knows; has the knowledge [**áram**-to know, to learn]
**niyá(ng)** he, she, it; his; by him
**NPA** New People's Army
**pagkolékta** the act of collecting [**kolékta**-to collect]
**pagkóntra** contrary, against [**kóntra**-to contradict, against]
**pagrátak** degrading, destroying [**rátak** -lit: to waste or to destroy]
**pangáran** name [**ngáran**-name, title, identity]
**pinagnegarán** denied [**negár**-to deny]
**pirá(ng)** how much; how many
**prestíhio** prestige
**públiko** public
**rebélde(ng)** rebel
**sahót** accusation
**selebrasión** celebration
**senádo** Senate
**senadór** Senator
**serbidór** (civil) servant
**simplé** simple
**so** particle indicating time in the past
**soboót** allegedly; so-called
**taga-luwás** a term referring to rebels [lit: outsiders]
**táwo** people; person
**y** and (Spanish term being used in written Bikol dialect)

*•Section 9.2*

Sinabi pa kan alkalde na dahil sa saiyang maigot na kampanya na mapundo an manga ilegal na gibo-gibo kan manga inaapod na niyang "extortionist" sa bulod, siya kairiba na listahan na lilikidaron kan grupong ini.

Ipinaliwanag pa kan alkalde na may manga pagkakataon na siya mismo[†] kairiba sa pagsakyada sa manga pinagtataguan kan grupong NPA sa saiyang banwaan kairiba kan manga pulis digdi.

Tinuyaw kan alkalde an pagtaong dakulang kahalagahan ni Maceda asin militar sa deklarasion ni Bino Dacer, alyas "Ka Bernard"[‡], na soboot, maski mayo pang ginibong magkakanigong verification sa manga tataramon kan surrenderee, inako nang katotohanan.

Idinagdag pa kan alkalde na mas pa daa an tiwala kan militar asin ni Maceda ki Dacer ki sa manga alkalde kan banwaan na nagtatarabang asin itinataya an buhay para sa demokrasia kan nasion.

## Vocabulary

**alyás** alias
**búhay** life, lives, living
**bulód** hinterland; mountain, hill
**dahíl** because
**deklarasión** declaration
**demokrasía** democracy
**gíbo-gíbo** activities; deeds [**gíbo**-to do]
**idinagdág** added [**dagdág**-to add, to increase]
**ináko'** accepted [**áko'**-to accept]
**ipinaliwánag** was explained, made clear [**liwánag**-clear]
**itinatayá'** risk (their lives) [**tayá'**-bet, wager]
**kahalagahán** importance, value [**halagá**-value,price]
**kairibá** to be included, go along with, to be the companion of [**iba**-include]
**kampánya** campaign
**katotohánan** truth [**totoó**-true]
**lilikidarón** subject for liquidation [**likidár**-to liquidate; to kill]
**magkakanigó(ng )** proper
**listáhan** list
**maígot** persistent [**ígot** -tight]
**mapúndo** to stop [**púndo**-stop]
**mas** more
**máyo'** nothing, there are none, to have none [alt: **da'í**]
**militár** military
**mísmo** very; that specific one
**nagtatarábang** helping each other
**pagkakata'ón** chance, opportunity, time, occasion [**ta'ón**-year]
**pagsakyáda** act of raiding; raiding operation [**sakyáda**-to raid, incursion]
**pagta'ó(ng)** the act of giving [**ta'ó**-to give; to impart or issue]
**pinagtatagu'án** (suspected) hideouts [**tágo'** -to hide]
**pulís** police
**tatarámon** statement [**tarám**-to talk, speak]
**tinúyaw** denounced [**túyaw**-to correct]
**tiwála'** confidence, trust

† **Mismo** emphasizes the preceeding subject, e.g. **siya mismo** means he himself, **sa ospital mismo** would mean right there in the hospital, not the surroundings.

‡ **Ka** as in "**Ka Bernard**", is derived from the Tagalog **kasama** meaning comrade. It is a widely used form of address among members of the NPA.

# Selection Ten

## Exposé kan mga Mayor

Nakulogan so mga alkalde sa expose ni Senador Maceda. Soboot, nagtatao nin ayuda sa NPA. Gusto na lugod† magburutas sa saindang mga puwesto bilang chairmen kan saindang peace and order council.

Saka, marhay na kamo kaiyan?

Naiintindihan ko an namatian kan mga alkalde. Niyaon an sakong simpatia sa sainda. Alagad hababaw an rason ta pati konstituentes ninda saindang totorowadan.

Hari man tabi, Abay!

## Vocabulary

**ábay** friend, comrade, buddy
**ayúda** support; assistance; aid; relief
**gustó** want, like to
**habábaw** poor [**bábaw**-shallow]
**harí** do not
**kaiyán** that, those
**kamó** you(pl)
**lugód** gives emphasis
**magburútas** to relinquish or resign [**bútas**-to set free]
**nagtata'ó** giving, rendering [**ta'ó**-to give]
**naiintindihán** understand [**intindí**]
**nakulogán** were hurt [**kulóg**-pain, ache]
**namatí'an** feeling [**máti'**-to feel]
**patí** even
**puwésto** post or position [alt: **puésto**]
**rasón** excuse [lit: reason]
**saindá** them, theirs, they
**saká** and so
**sakó(ng)** my, mine
**simpatía** sympathy
**tabí'** expression used for politeness; please
**totorowadán** to turn one's back; to neglect [**tuwád** -to bend over with buttocks up and head down]

† **Lugod** is used to give emphasis, especially to a statement which might be hard to believe. It is close to the English phrase "believe it or not".

# Selection Eleven

## Limang (5) Harong Natomtom

Goa, Camarines Sur—Limang mga harong an natomtom sa sarong kasulo na nangyari sa likodan kan merkado publiko digdi kan matangang banggi kan Disiembre 31.

Segun sa mga nakahiling kan kasulo, an kalayo nag-gikan sa sarong barong-barong na an kagsadiri nag-gigibo nin tinapa.

Sabi sa report, an kasulo nagdurar nin sarong horas sagkod Enero a primero na, nin huli, soboot ta an behikulo nin bombero na nakadestino digdi dai nakadalagan durante kan kasulo.

An rason soboot iyo na mayo nin krudo an nasambit na behikulo.

Napundo an paglakop kan kalayo kan mag-abot an mga behikulos nin bombero na hali sa siudad nin Iriga asin Pili, Camarines Sur.

Dai pa pinapaluwas kan imbestigadores kan polisia digdi kun pira an nadanyaran na mga pagrorogaring maski na ngani mayo man na pig-report na nagadan o kaya nalugadan sa nasabing kasulo.

## Vocabulary

**baróng-baróng** shanties
**behíkulo(s)** vehicle(s)
**bombéro** fireman (fire department)
**Disiémbre** December
**Enéro** January
**Goa** a town in the province of Camarines Sur
**hóras** hours
**imbestigadóres** investigators
**kagsadíri** owner [**sadíri**-property owned]
**kaláyo** fire, flame
**kasuló** fire [**suló**-to burn, to incinerate]
**kayá'** even; that's why
**krúdo** diesel fuel
**likodán** behind [**likód**-back]
**limá(ng)** five
**mag-abót** arrived [**abót** ]
**matangá(ng)** late at night [**tangá'**]
**nadanyarán** damaged [**danyár**-to damage or destroy]
**nagadán** died, dead [**gadán**]
**nagdurár** lasted [**durár**-duration]
**nag-gigíbo** one who makes, is making [**gíbo**-make]
**nag-gíkan** originated; came from [**gíkan** ]
**nakadalágan** working, functional, operational [lit: **dalágan**-to run, to operate]
**nakadestíno** assigned [**destíno**-assignment, post]
**nakahilíng** witness, have seen [**hilíng**-to see]
**nalugádan** injured [**lúgad**-wound, injury]
**nangyári** occurred; happened
**napúndo** was stopped [**púndo**-to stop, to cease]
**nasábi(ng)** said [**sábi**-state or say]
**nasambít** mentioned, said [**sambít**-to mention]
**natomtóm** burned, charred
**ngáni'** indicates confirmation; indeed
**o** or
**paglakóp** spreading out [**lakóp**-to spread, disperse]
**pagrorogáring** property [**rogáring**]
**pig-report** was reported
**Pilí** a town in the province of Camarines Sur
**pinapaluwás** being released [**luwás**-to come out]
**pirá** how many; how much
**polisía** police
**priméro** first
**sábi** according [lit: said, stated]
**tinapá** smoked fish

# Selection Twelve

## Proyektos kan NIA Namerwisio

Ligao, Albay—Arog kan depektibong mga kanal kan National Irrigation Administration (NIA) sa Camarines Sur, na yaon sa Albay an namemerwisio man.

Sarong ehemplo kaini iyo an maluyang pagkakagibong kanal nin patubig digdi na madaling maraot na ngonian naka-danyar nin mga oma.

Nagreklamo an sarong kagawad na si Jorge Sanchez na soboot an saiyang oma sa Barangay Barayong nadanyaran kan mawaswas an kanal kan NIA.

Kun tano† ta nawaswas tolos an bago pa sanang pigkonstruir na kanal nin patubig iyo an pinagngangalasan kan mga nagmamasid.

An reklamo ipinaabot na sa manehamiento kan NIA.

## Vocabulary

**Albáy** province in Bikol Region

**árog** like

**ba'gó** newly; new

**Barayóng** a small barangay located in Ligao, Albay

**depektíbo(ng)** disrupted [lit: defective]

**ehémplo** example

**ipinaabót** was brought [lit: was made to arrive] [**abót**-to reach, arrive]

**kanál** canal

**Ligao** a town in Albay province

**madalí(ng)** easily [**dalí'**-easy; quick]

**malúya(ng)** poor [**lúya**-weak]

**manehamiénto** management

**mara'ót** to get damaged [**ra'ót**-ruined, destroyed]

**mawaswás** to burst with a sudden flow of water

**nagmamasíd** witnesses [**masíd**-to observe]

**nagreklámo** complained [**reklámo**-complain]

**naka-danyár** damaged

**namerwísio** disrupted [**perwísio**-damage, disturbance]

**namemerwísio** disrupting

**nawaswás** burst open with a strong flow of water; overflowed

**NIA** National Irrigation Administration

**omá** farm; fields, especially rice [alt: **uma**]

**pagkakagíbo(ng)** construction [**gíbo**-to make]

**pinagngangalasán** something wondered about [**ngalás**-to wonder]

**reklámo** complaint

**tá'no** why

**tólos** immediately [alt: **túlos**]

**yá'on** over there

† **Kun tano** means "as to why..."

# Selection Thirteen

## Marhay na Padalagan kan Cooperative

Kadakol† an nakakareparo na marhay daa an padalagan ni CASURECO IV General Manager Ato Peña sa Cooperative. Bihira an brownout, marhay an koleksion, hababa an system loss asin advance pa soboot an pagbayad sa NPC.

Dai dapat ipagtaka iyan sa sarong Peacemaker na arog ki Ato. Apuera kan pagmaigot na magkaigwa nin sadiring pusog asin maogmang pamilia, an Peacemakers nagtatrabaho man na maging matoninong asin maogma an relasion kan sarong namamahala sa manga pinamamahalaan arog kan relasion nin sarong manager sa saiyang manga empleados. Sa paaging ini, relax sa trabaho asin kooperado sa karahayan kan kooperatiba asin manga miembros.

Mabuhay ka GM!

## Vocabulary

**apuéra kan** aside from
**bihíra** rare; seldom
**CASURECO** Camarines Sur Electric Cooperative
**dápat** should
**empleádos** employees
**GM** General Manager
**hababá'** low [**babá'**-short]
**ipagtaká** to cause surprise [**taká**-surprise, amaze][Tag]
**iyán** that
**ka** you
**kadakól** very many [**dakól**-many]
**karaháyan** benefit [**raháy**-good]
**koleksión** collection
**ko'operádo** cooperating
**ko'operatíba** cooperative
**máging** to become
**magkaigwá** to have [**igwá** -to have]
**maogmá** happy [**ogmá**-happiness, joy]
**matonínong** peaceful [alt: **tunínong**-peace, calm]
**miémbros** members
**nagtatrabáho** working [**trabáho**-to work]
**nakakarepáro** notice [**repáro**-to take notice of]
**namamahála'** management [**bahála'**-responsibility]
**NPC** National Power Corporation
**paági(ng)** way [**ági**-path]
**padalágan** management or operation [**dalágan**-to run]
**pagbáyad** payment [**báyad**-fee]
**pagmaígot** strong effort [**ígot**-persistent]
**pinamamahalá'an** workers, subordinates [**pamahála'**- to manage]
**puség** strength [alt: **kuség**]
**relasión** relationship
**sadíri(ng)** own, self
**trabáho** work, job

† The affix **ka-** is used as an intensifier, as here in **kadakol**.

# Selection Fourteen

## Gana an Albay vs NPC

An opisiales probinsial kan Albay sa pangi-ngenot ni Gobernador Romy Salalima nagpapa-Diyos mabalos† sa Korte Suprema huli sa saindang paborableng desision mapadapit sa tax claim kan probinsia kontra sa National Power Corporation (NPC).

Unanimous an opinion (June 4, 1990) kan 14 huweses kan Korte Suprema sa pangi-ngenot ni Chief Justice Marcelo B. Fernan. Kaya para sako maski mag-file an NAPOCOR nin motion for reconsideration dai man sana ini nin serbi‡ huli ta unanimous ngani an desision kan manga huwes.

Si Gobernador Salalima gusto man magpa-Diyos mabalos sa saiyang pag-iriba sa Sangguniang Panglalawigan, ki Provincial Treasurer Abundio Nuñez asin ki Atty. Romulo L. Ricafort asin Atty. Jesus R. Cornego huli kan saindang suporta pabor sa probinsia nin Albay.

## Vocabulary

**desisión** decision
**gána** win
**gobernadór** governor
**huwés** judge [alt: **hués**]
**huwéses** judges
**kóntra** against
**Kórte Suprema** Supreme Court
**mag-file** to file
**magpa-Diyós mabalós** to give thanks
**NAPOCOR** National Power Corporation
**opisiáles** officials
**opinión** opinion [alt: **opinyón**]
**pabór** favor
**paboráble(ng)** favorable
**pag-iribá** companions [**ibá**-to include]
**pangi-ngénot** headed by [alt: **ínot**- first, lead]
**nagpapa-Diyós mabalos** expression of giving thanks
**probínsia** province
**probinsiál** provincial
**sakó'** for me, mine
**saná** only
**sanggúniang panglalawígan** provincial council [Tag]
**sérbi** use, point; serve
**supórta** support

† **Diyos mabalos** literally means God will repay (the kindness).
‡ **Serbi** here is part of the phrase **daing...serbi**, meaning useless or pointless.

# Selection Fifteen

## Ziga-Lagman Debate

An manga taga-Tabaco naghahalat kan Ziga-Lagman debate manungod sa P12 million rehabilitation fund release sa Tabaco public market. Pinag-alok ni Congressman Lagman si Senador Ziga na mag-debate sa puntong ini, alagad dai pa nagsisimbag an lado ni Senador. Haloy? Dapat sabay.

Para sa sako dapat malawos an debate huli ta an gumana sa nasambit na debate puwedeng magiging dakulang paktor man sa pang-gana ni Congressman Lagman o ni Senador Ziga sa re-election ninda sa 1992 national election.

## Vocabulary

**gumána** will win [**gána**-win]
**halóy** long time
**ládo** side, part
**mag-debáte** to engage in a debate
**magiging** is becoming [**maging**]
**malawós** to happen [**lawós**-carry on, continue]
**manungód** about, regarding [**tungód**]
**naghahalát** waiting; anticipating [**halát**-to wait]
**nagsisimbág** answered [**simbág**-reply, acknowledge]
**pang-gána** in winning [**gána**-to win]
**pinag-alók** invited [**alók**-offer, propose]
**púnto(ng)** point
**sabáy** at the same time; simultaneous
**taga-Tabacó'** from Tabaco

# Selection Sixteen
*•Section 16.1*

## Duwa Gadan sa Violencia

Daet, Camarines Norte—Duwa an gadan asin apat an nagkaeririrido sa magkasuhay na insidentes nin violencia sa manlain-lain na parte kan probinsiang ini kan nakaaging semana.

Sarong soldados kan PC an nabadil sa saiyang pisngi asin abaga sa sarong engkuentro entre kan mga PC asin pinagtutubodan na manga miembros kan NPA sa Barangay Pambuhan, Mercedes. Si Sgt. Jaime Nael kan 242 PC tinamaan nin bala hali sa mga bala kan NPA sa 20 minutong sagupaan sa kadagatan.

Duwang persona man an nagsapo nin saksak hali sa sarong pinagtutubudan na "thrill killer" mientras na an mga ini nag-aatendir sa sarong baylehan sa Barangay Dangkalan, Paracale. An mga biktima na iyo sinda Adelio Sarmiento, 25 años kan Barangay Dangkalan asin Jacinto Maligat, 38 años kan Barangay Mapungo kan parehong banwaan.

## Vocabulary

**abága** shoulder

**áño(s)** year(s)[Sp]

**apát** four

**bála** bullet

**bayléhan** public dance [**báyle**-to dance] [lit: place where a dance is held]

**bíktima** victim

**Camarínes Norte** a province in the Bikol region

**Daét** a town in Camarines Norte

**Dangkálan** a barangay in Paracale, Camarines Norte

**duwá(ng)** two

**engkuéntro** encounter

**éntre** between

**gadán** dead

**insidentes** incidents

**kadagátan** open sea [**dágat**-sea, ocean]

**magkasuháy** separate [**suháy**-to separate, apart]

**Mapungó** a barangay in the municipality of Paracale, Camarines Norte

**manla'ín-lá'in** different [**lá'in**-different; various]

**Mercédes** a town in Camarines Norte

**miéntras** while

**minúto(ng)** minute

**nabadíl** was shot [**badíl**-gun]

**nag-aatendér** attending [**atendér**-to attend]

**nagkaerirído** were injured [**erído**-injured]

**nagsapó'** suffered [**sapó**-to suffer]

**Pambuhan** a barangay in Mercedes, Camarines Norte

**Paracale** town in Camarines Norte

**parého(ng)** the same

**persóna** person

**pinagtutubodán** believed to be [**tubód**-believe]

**pisngí** face [lit: cheeks]

**probinsia(ng)** province

**sagupáan** encounter, conflict [**sagupá**]

**saksák** stab

**semána** week

**sindá** they

**soldádos**: soldier

**tinamá'an** got hit [**táma'**-to win, to hit it right]

**violéncia** violence, violent

**PC** Philippine Constabulary

## •Section 16.2

Sa banwaan nin Daet, sarong 9 anyos na aking babae an nakuang gadan sa salog pagkalihis nin sarong aldaw na paghahanap kan mga magurang kaini.

Sa banwaan nin Paracale, saro man na parasira an nalamos sa Sitio Pulang Bato, Barangay Bakal.An mga biktima tulos-tulos man na dinara sa Camarines Norte Provincial Hospital asin ligtas sa kagadanan†.

Sa banwaan nin Labo, sarong babae an naerido nin huli sa pagputok nin granada na bako man kuta na para sa saiya. An biktima pinagbisto na si Delia Villagarcia y Altamina, 27, daraga asin residentes kan Barangay Calabasa.An granada soboot ipinag-apon kan sarong suspetsado (na dai man pinagboyagyag an pangaran) para sa saiyang amaon. Alagad an granada nagtama sa sarong kahoy harani sa harong kan biktima.

## Vocabulary

**áki(ng)** child

**aldáw** day [lit: sun]

**ama'ón** uncle

**babáe** girl, woman; lady, female

**Bakal** name of barangay in Paracale, Camarines Norte

**Calabása** barangay of Labo, Camarines Norte

**darága** young, unmarried (single) woman

**dinará** taken [**dará**-to take, to bring]

**granáda** grenade

**haraní** close or near [**raní**-close, near]

**ipinag-apón** was thrown [**apón**-to throw, to discard]

**kagadánan** death [**gadán**-died]

**káhoy** tree [lit: wood]

**kutá'** would have

**Labó'** a town in Camarines Norte

**ligtás** safe

**magúrang** parents

**nagtáma'** hit [**táma'**-to hit, to win]

**naerído** was injured [**erído**-wounded]

**naku'á(ng)** found [**ku'á**-to take, to get]

**nalamós** was drowned [**lamós**-to drown]

**paghahánap** search [**hanáp**-to look for, to search]

**pagkalíhis** after being passed over, missed [**líhis**-to pass by]

**pagputók** explosion [**putók**-explode, burst]

**parasíra'** fisherman [**sirá'**-fish]

**pinagbistó** was identified [**bistó**-to know someone and be acquainted with]

**pinagboyagyág** revealed and was released [**boyagyág**-to reveal] [lit: exposed]

**Pulang Bato** sitio in Bakal, Paracale, Camarines Norte

**residéntes** residents

**saíya** his, hers, its

**sálog** river

**sítio** subdivision of a barangay

**siyám(9)** nine

**suspetsádo** suspect

**tulós-túlos** immediately

† **Ligtas sa kagadanan** is a figurative phrase meaning in stable condition.

# Selection Seventeen
*•Section 17.1*

## Naginibohan kan PC Ipinaluwas ni Pulido

Pitong elementos kan New People's Army (NPA) an nagkagaradan, sampulo an nagkadarakop asin 139 na regular na miembros asin simpatisadores kan kaparehong grupo an nagsuruko sa konstabularia puon kan Enero hasta Marso ngonian na taon.

Sa quarterly report na ipinaluwas ni Lt. Col. Rufo Pulido, pamayo kan konstabularia asin polisia sa Camarines Sur, sinabi kaini na beinteng manlain-lain na klase nin armas an nabawi sa (kamot kan) mga rebelde asin mayo lamang nin maski sarong miembro kan militar an nagadan o naerido sa laog nin sampulong engkuentro na nangyari durante kan nasabing peryodo.

Sinabi pa sa report na dinagdagan man nin ngipon† kan konstabularia asin polisia an kampanya kontra sa mga ilegal na sugal asin implementasion kan espesial na leys.

## Vocabulary

**ármas** arms
**dinagdagán** added to, supplemented [**dagdág**-to add]
**eleméntos** members [lit: elements]
**espesiál** special
**grúpo** group
**implementasíon** implementation
**ipinaluwás** released [**luwás**-come out]
**kamót** hands
**kaparého(ng)** same [**parého**]
**kláse** class, types
**konstabulária** constabulary
**la'óg** in, inside
**leys** laws
**Márso** March
**nabáwi'** confiscated [**báwi'**-to take back]
**nagkadarakóp** were captured [**dakóp**- to catch, to capture]
**nagkagaradán** were killed [**gadán**-dead]
**nagsurúko'** surrendered [**súko'**-to surender, to give up]
**ngípon** teeth
**pamayó** head [**payó**]
**peryódo** time (period)
**pitó(ng)** seven
**regulár** regular
**sampúlo'(ng)** ten
**simpatisadóres** sympathizers
**sugál** gambling

† **Dinagdagan nin ngipon** literally means to take a big bite.

## •Section 17.2

An mga elementos kan PC sa 244, 241, 247 asin 243rd PC Company nakadakop nin 97 persona na imbuelto sa ilegal na sugal na hueteng[†] asin nakakonpiskar man nin maabot sa P8,023.75 gikan sa nasabing ilegal na sugal.
Alagad an kampanya kan PC kontra sa hueteng dai nahihiling sa Rinconada mantang nagiging hayag an koleksion asin pagbola kan nasabing ilegal na sugal sa Baao, Camarines Sur.

An pagbola nin tulong beses kada aldaw ginigibo sa Barangay Del Rosario mga pirang metros sana an distansia sa depatura kan polisia. An koleksion para sa nasabing pa-hueteng minasakop man sa nagkakapirang munisipio sa Rinconada asin siudad nin Iriga. An pa-hueteng sa Baao enot man na pigdakop kan mga NPA kaya napiritan an mga operador na ibalyo ini sa poblasion.

Apuera kan hueteng, an ilegal na pabulang o mga tupada nagiging lagduan man an operasion sa haros 30% kan mga barangay sa Rinconada.

An PC provincial command kan nagtalikod na tolong bulan nakadakop man nin sampulong persona na imbuelto sa ilegal na pagputol nin kahoy asin nakonpiskar an mga kahoy na pinutol kan mga ini.

## Vocabulary

**Baao** a town in Camarines Sur

**Del Rosário** barangay of Baao, Camarines Sur

**depatúra** department, station, outpost

**distánsia** distance

**énot** first [alt: **ínot**]

**gíkan** from

**ginigíbo** being done [**gíbo**-to do]

**háros** about, almost

**háyag** obvious [**háyag**-to expose]

**huéteng** a form of gambling [alt: **juéteng**]

**ibalyó** transfer [**balyó**-to move from one place to another]

**imbuélto** involved

**métros** meters

**minasákop** covered [**sákop**-to have jurisdiction over]

**nagíging** became

**nagkakapirá(ng)** several [**pirá**-how many, how much]

**nahihilíng** seen, visible [**hilíng**-to see]

**nakakonpiskár** were confiscated [**konpiskár**-to confiscate]

**nakadakóp** caught [**dakóp**-to arrest, catch, capture]

**nakonpiskár** confiscated [**konpiskár**-to confiscate]

**napirítan** was forced [**pírit**-to force someone to do something]

**operadór** operator

**pa-huéteng** huéteng operation [see **huéteng**]

**pabúlang** cockfighting [**búlang**- blade on the leg of a fighting cock]

**pagbóla** raffle operation [**bóla**-raffle or lottery drawing]

**pagputól** cutting of [**putól**-to cut]

**pigdakóp** raided [lit: nabbed]

**pinutól** was cut [**putól**-to cut]

**Rinconáda** a town near Iriga

**tuló(ng)** three [alt: **toló**]

**tupáda** illegal cockfighting

[†] **Hueteng** is a Chinese gambling game in which the bettors bet their money on two pairs of numbers drawn in a lottery.

# Selection Eighteen

## Prisonero Nagdulag, Nadakop

Virac, Catanduanes—Sarong prisonero na nakaatubang sa kaso nin panggagadan an nakadulag alagad nahulog man giraray sa mga kamot kan mga awtoridad pagkatapos nin maigot na paghahanap.

An preso pigmidbid na si Leopoldo Solmiano y Aquino asin akusado sa salang panggagadan sa Regional Trial Court kan Tanauan, Batangas.

Si Solmiano soboot nakadulag sa karsel kan polisia digdi mientras na an guardia nagpapamahaw.

Alagad an suspetsado nadakop man giraray kan mga pulis na pinamamayuhan ni P/Lt. Francisco Sorra sa residensia nin sarong nagngangaran na Otordo sa Barangay Cavinitan digdi.

Si Solmiano soboot nagsayuma na mag-iba sa mga nag-arrestar sa saiya kun kaya napiritan na ini bulnoton siya na nagresulta man sa pagkalugad kan payo kan suspetsado.

Apuera kan kaso na ipinagsangat ki Solmiano sa Batangas, ini soboot igwa pa nin mga kaso sa sahot na pang-aabuso na nakomite sa Metro Manila.Si Solmiano nakatalaan na darahon sa Batangas tanganing atubangon an mga kaso na ipinagplantar kontra sa saiya.

## Vocabulary

**akusádo** accused
**atubángon** to face [**atúbang**-front]
**awtoridád** authority
**Batángas** a province on Luzon, north of Bikol
**bulnotón** to drag out [**bulnót**-to pull out]
**Catanduánes** an island province off the northern coast of Albay
**Caviníitan** a barangay of Virac, Catanduanes
**darahón** to be taken [**dará**-to take, to bring, to carry]
**giráray** again
**guárdia** guard
**igwá** has, have
**ipinagplantár** filed against [**plantár**-to file a complaint]
**ipinagsa'ngát** was filed against [**sa'ngát**-to bring up something]
**karsél** jail
**káso** case or charges
**mag-ibá** to surrender [**ibá**-to come]
**Metro Manila** Manila and surrounding urban areas
**nadakóp** was caught [**dakóp**-to arrest, to catch]
**nag-arestár** those who arrested [**arestár**-to arrest]
**nagdulág** escaped [**dulág**-to escape]
**nagpapamaháw** was having breakfast [**pamaháw**-breakfast]
**nagresúlta** resulted [**resúlta**]
**nagsayúma** refused [**sayúma**]
**nahúlog** fell [**húlog**-to fall]
**nakaatúbang** facing [**atúbang**-front]
**nakadulág** was able to escape [**dulág**-to escape]
**nakatalá'an** scheduled [**talá'**-deadline, schedule]
**nakomité** committed [**komité**]
**nagngangáran** named [**ngáran**-name]
**pagkalúgad** bruises [**lúgad**-injury, wound]
**pagkatápos** after(ward) [**tápos**-completed, done, ended]
**pang-aabúso** offenses [**abúso**-abuse, grievance]
**panggagadán** murder [**gadán**-corpse; dead]
**payó** head
**pigmidbíd** was identified [**midbíd**-acquainted, familiar with]
**pinamamayuhán** headed by [**payó**-head]
**préso** convict
**prisonéro** prisoner
**residénsia** residence
**salá(ng)** crime [**salá'**-sin, mistake]
**Tanauan** a town in the province of Batangas
**tangáni(ng)** so that; to
**Virác** capital of Catanduanes

# Selection Nineteen

## Suspetsado Nangadan nin Amaon

Pandan, Catanduanes—Sarong paraoma na may tago-tagong kaanggotan sa saiyang amaon, an nagwala asin nagresulta sa pagkagadan kan saiyang amaon asin pagkaerido sa agom asin 6 años na aki kaini.

Nagadan nin huli sa mga tama nin sundang sa manlain-lain na parte kan saiyang hawak iyo si Antonio Capistrano y Eugenio, 41, residente kan Barangay Tariwara digdi mantang nagsapo man nin grabeng tama nin pananaga an saiyang agom na si Nimfa, 39, asin an saindang 6 anyos na aking si Nelson.

An suspetsado pinagmidbid man kan mga awtoridad na si Felipe Cristobal y Capistrano, 28 anyos, sarong paraoma asin sobrino kan biktima.

Segun sa report, si Cristobal asin Capistrano nag-iinoman sa harong kan biktima kan magkaigwa nin mainit na diskusion an duwa. Pigboyagyag daa kan suspetsado an saiyang mga hinanakit sa biktima sa mga pang-aapi saiya kan saiyang amaon kan mga naeenot na aldaw.

Sa tahaw kan mainit na diskusion, bigla na lang binolnot kan suspetsado an saiyang sundang asin tinaga an saiyang amaon sa braso.

An harong kan biktima soboot sinulo pa man kan suspetsado mientras na an bangkay kan biktima yaon sa laog, alagad naagapan man kan mga kataraid kaini.

Si Cristobal nadakop naman kan mga awtoridad asin nakatalaan na plantaran nin kaso kriminal.

## Vocabulary

**anóm(6)** six
**agóm** spouse (wife or husband)
**áki'** child (son or daughter)
**bangkáy** dead body
**biglá'** suddenly; abruptly, spontaneously
**binulnót** pulled out [**bulnót**-to draw or to pull out]
**bráso** arms
**diskusión** discussion or argument
**grábe(ng)** severe, grave
**háwak** body
**hinanakít** grudges, resentment [**sakít**-pain]
**kaanggótan** anger [**anggót**-angry]
**katará'id** neighbors [**tá'id**-alongside]
**lang** just, only
**namán** again, really; gives emphasis
**magkaigwá** got into [**igwá**-to have]
**maínit** heated [**ínit**-hot, warm]
**naagapán** was saved [**agáp**-to save; to help, aid]
**naeénot** earlier (days) [alt: **ínot**-first]
**nag-iirinóman** on a drinking spree [**inóm**-to drink]
**nagwalá'** ran amuck [**walá'**-to go crazy, berserk]
**nanggadán** killing [**gadán**-corpse, dead]
**pagkagadán** death [**gadán**]
**pagkaerído** injury [**erído**-wounded]
**pananagá'** hacking [**tagá'**-to hack, to cut]
**Pandan** a municipality in Catanduanes
**pang-aapí** abuses [**apí**-oppressed]
**paraóma** farmer [**omá**-farm]
**pinagmidbíd** was identified [**midbíd**-to be familiar with]
**plantarán** to face charges [**plantár**-to file charges]
**sinuló'** set on fire [**suló'**-fire, flame]
**sobríno** nephew
**sundáng** big knife; machete
**tagó'-tágo(ng)** hidden [**tágo**'-to hide, to conceal]
**táhaw** middle
**táma'** blow or hit in the right spot
**Tariwara** barangay of Pandan, Catanduanes
**tinagá'** hacked [**tagá'**-to cut, gash]

# Selection Twenty

## BIR Nagpatanid vs Impostor na Examiner

Nagpatanid an Bureau of Internal Revenue sa mga negosiante sa Siudad nin Naga asin Camarines Sur na maglikay sa mga pekeng BIR examiner na posibleng mag-operar sa probinsia sa mga masunod na aldaw.

An patanid ipinalayog ni Andres Tabo, pamayo kan BIR District 45 pagkatapos na magluwas an mga report na may mga pekeng BIR examiner an nambiktima na nin mga negosiante sa Siudad nin Legazpi asin sa pagtaraning na munisipio.

Sa entrebista kasoodma, sinabi ni Tabo na an BIR dai pa napuon sa pag-eksamen kan mga libro de benta kan mga negosiante tanganing maaraman an saindang ingreso kan taon 1988. Huli kaini mayo daa nin rason na an mga BIR examiner maglibot tanganing maghiling kan mga libro de benta kan mga negosiante.

Sinabi ni Tabo na saro sana sa 15 examiner kan District 45 an bakong Bikolano kaya madaling marisa kan mga negosiante kun an nagdudulok sa saindang persona tunay o pekeng taga-BIR na nag-operar sa Siudad nin Legazpi kun soboot ini nagtataram nin Tagalog.

An mga impostor na BIR examiner parating naglalataw sa panahon na an nasabing opisina nagkokondusir kan pag-eksamin kan naging ingreso kan mga negosiante sa katuyuhan na an mga ini maghagad sana nin suhol partikularmente sa mga negosianteng "masusopgon" na ibiklad an saindang tunay na ingreso para sa sarong peryodo.

## Vocabulary

**bakó(ng)** not
**bénta** profit, gain
**Bikoláno** a native of Bikol
**BIR** Bureau of Internal Revenue
**entrebísta** interview
**ibiklád** disclosed [**biklád**-to spread out; to unfold]
**ingréso** annual profit, income or gain
**ipinaláyog** was released [**láyog**-to fly]
**kasoodmá'** yesterday
**katuyúhan** purpose [**túyo**-goal, intention]
**Legázpi** city in Bikol
**libró de benta** book or ledger of accounts
**maaráman** to determine [**áram**-to know]
**mag-operár** operating [**operár**-to operate]
**maghágad** will ask, asking for [**hágad**-to ask for]
**maghilíng** examine [**hilíng**-look]
**maglíbot** to go around [**líbot**-to wander]
**maglikáy** to be aware [**likáy**-be careful]
**magluwás** come out [**luwás**-to come out, outside]
**marisá** determine [**risá**-to notice, to detect]
**masunód** next [**sunód**-to follow]
**masusopgón** ashamed [**súpog**-shy]
**nag-operár** operated [**operár**-to operate]
**nagdudúlok** approaching [**dúlok**-to approach]
**náging** became
**nagkokondusír** conducting [**kondusír**-to conduct]
**naglalatáw** appear [**latáw**-to float]
**nagpatánid** warned [**tánid**-to warn]
**nagtatarám** are speaking [**tarám**-to speak]
**nambíktima** victimized [**bíktima**-victim]
**napu'ón** started [**pú'on**-start, beginning]
**negosiánte(ng)** businessman
**opisína** office
**pag-eksámin** examining [**eksámin**-exam, examination]
**pagtaráning** neighboring
**panahón** time period
**paráti(ng)** usually; always
**partikularménte** particularly
**patánid** warning [**tánid**-to warn]
**peké'(ng)** fake
**posíble(ng)**: possibly
**súhol** bribe
**tagá-BIR** person from BIR
**Tagalog** language of Manila and surrounding areas; also, basis for Pilipino (national language)
**túnay** real

# Selection Twenty-One

## NPA-BIR Parehong Nagkokolekta

An collection kan NPA sa Camarines Sur an kada-bulan P1.3 million, iyan an sabi ni Bino Dacer alyas Bernard. Pira man daw an collection kan BIR asin ibang government agency?

## Vocabulary

**ibá(ng)** other
**káda-búlan** every month
**nagkokoléкta** (are) collecting [**koléкta**-to collect]

# Selection Twenty-Two

## "Burial," Gadan Linubong

Daet, Camarines Norte—Sarong aking babae na nag-eedad na 9 anyos an linubong kan nakaaging aldaw kan ini makuang gadanang nagpapataw-pataw sa Daet River kan Barangay Mantagbac kan Domingong aga (Mayo 26). An aki nagngangaran na Margarita Burial y Aquino kan banwaan na ini.

Segun sa pahayag kan saiyang ama, na si Pacifico Burial, sarong paragibo nin liyabe, si Margarita soboot nawawara pa kan Sabado. An saiyang agom na si Ingracia naghahanap kan enterong aldaw kan Sabado alagad dai ninda nakua si Margarita sagkod na paaramon sinda pagka-aga nin residentes kan barangay na an aki nahiling na naglalataw-lataw sa salog.

An aki may tama sa lalawgon tanda na puwedeng nakua kaini pag"dive" o tama nin matagas na bagay.

Mayong senyal nin pagkalamos ta an bituka ni Margarita mayong laog nin tubig.

Hagad ni Pacifico sa mga awtoridad na makua asin maimbestigaran an mga kairiba ni Margarita kan ini ultimong mahiling na buhay pa o an mga kakawat sa salog mantang nagkakarigos ini.

## Vocabulary

**amá'** father
**bitúka** stomach
**Domíngo(ng)** Sunday
**entéro(ng)** entire
**hágad** requested; to ask
**kakáwat** playmates [**káwat**-a game, sport]
**lalawgón** face
**linubóng** was buried [**lubóng**-to bury, inter]
**liyabe** key [alt: **llave**]
**mahilíng** was seen [**hilíng**-to see]
**maimbestigarán** to question [**imbestigár**-to investigate]
**maku'á** summon, find [**ku'á**-to take, obtain]
**makua(ng)** found [**ku'á**-to get, obtain]
**Mantagbac** a barangay in Daet, Camarines Norte
**matagás** hard [**tagás**-hard, tough]
**máyo'(ng)** no; none [**máyo'**]
**nag-eedád** about the age of [**edád**-age, years]
**naghahánap** searching [**hánap**-to look for]
**nagkakarígos** swimming [**karígos**-to swim; to bathe]
**naglalatáw-látaw** floating [**latáw**-to float; to appear]
**nagpapatáw-pátaw** floating
**naku'á** found [**ku'á**-to obtain]
**nawawará'** missing [**wará'**-to be lost]
**paáramon** were informed [**áram**-to know, be aware of]
**pag"dive"** diving
**pagka-ága** the next day (morning) [**ága**-morning]
**pagkalamós** drowning [**lamós**-to drown]
**paragíbo** maker [**gíbo**-to make]
**senyál** sign
**tandá'** mark
**último(ng)** last

# Selection Twenty-Three

## Opisiales sa Barangay, Nagseminar

Balatan, Camarines Sur—Sarong seminar para sa mga opisiales kan barangay an pigkondusir digdi sa katuyuhan na madagdagan an kaaraman kan mga ini sa pagpadalagan kan saindang barangay na nasasakupan.

An tolong aldaw na seminar ginibo puon kan Mierkoles hasta Biernes kan nagtalikod na semana na pigpadrinohan kan lokal na opisina kan Department of Local Government na pinamamayuhan ni Mrs. Teresita S. Abaño sa pakikipagtabangan kan gobierno lokal na pinamamayuhan man ni Alkalde Candido E. Montenegro.

Naging mga tagapagtaram sa nasabing Barangay Administration Training and Seminar iyo sinda Mrs. Zenaida B. Delingon kan Municipal Trial Court (MTC) digdi; Mrs. Lourdes Mila Graza, PSDS, Balatan District; Pete Bustilla, City Government Operations Officer sa Siudad nin Iriga; Mrs. Laura Quiñones, MGOO, Sangay; Hues Salvador Occiano kan MTC; Municipal Treasurer Zenaida Montenegro; Municipal Planning and Development Coordinator Amadeo Cardeño asin Blandino Maceda, City Government Operation Officer sa siudad nin Naga.

An nasabing okasion iyo man an pinakaenot na pag-eensayo kan mga bagong opisiales sa barangay tanganing makakua an mga ini nin dagdag na kaaraman sa pagpadalagan kan pinakasadit na sanga kan gobierno politikal.

### Vocabulary

**Balátan** a municipality in Camarines Sur
**Biérnes** Friday
**giníbo** started or held [**gíbo**-to make]
**kaaráman** knowledge [**áram**- to know or be aware of]
**lokál** local
**madagdágan** additional [**dagdág**-to add]
**makaku'á** to acquire [**ku'á**-to take, to get]
**MGOO** Municipal Government Operation Officer(s)
**Miérkoles** Wednesday
**nagséminar** attended a seminar
**nasasakúpan** having jurisdiction over [**sákop**-jurisdiction, territory]
**okasión** occasion
**pag-eensáyo** exercises [**ensáyo**-practice]
**pagpadalágan** how to run; management or operation [**dalágan**-to run]
**pakikipagtabángan** in cooperation with [**tábang**-to help]
**pigkondusír** conducted [**kondusír**-to conduct]
**pigpadrinóhan** sponsored by [**padríno**-godfather]
**pinakaénot** very first, initial [alt: **inot**-first]
**pinakasadít** smallest [**sadít**-small]
**politikál** political
**sangá** branch
**séminar** seminar
**tagapagtarám** speaker [**tarám**-to speak]

# Selection Twenty-Four

## Duwang Barangay sa Iriga May Sadiring Hueteng

Siudad nin Iriga—Mas lalong nagkusog an operasion kan ilegal na sugal na hueteng digdi pagkatapos na magbukas nin operasion an saro pang kapitalista sa Barangay Santo Domingo. Resulta Duwa nang kapitalista na parehong nagbobola digdi an nag-aaragawan nin taya na nagbunga man sa pagkasaksak nin sarong tauhan kan sarong opisial kan siudad.

An pagbola kan hueteng sa Barangay Sto. Domingo pinunan tulong aldaw sana pagkatapos na magbisita si Brig. Gen. Eduardo Taduran digdi. Dai pa man maaraman kun an katuyuhan ni Taduran sa pagbisita sa Siudad nin Iriga iyo na tanganing magsuporta sa resolusion kan Konseho kan siudad na naghuhurot na pundohon an mga ilegal na sugal digdi.

An operasion kan hueteng na nakabase sa Barangay Sto. Domingo dating piggigibo sa Barangay San Juan alagad dinara sa Nabua dangan ibinalik sa Siudad nin Iriga.

Saro pa man na barangay na igwa nin pagbola iyo an Barangay San Nicolas, kun sain iyo man an kinamumugtakan kan headquarters kan 247th PC Company.

## Vocabulary

**dángan** (and) then
**dáti(ng)** formerly
**ibinalík** was taken back [**balík**-to return]
**kapitalísta** capitalist, financier
**kinamumugtákan** location [**bugták**-to place]
**konsého** council
**lálo(ng)** even more
**magbukás** to open [**bukás**-open]
**magsupórta** to support [**supórta**-support]
**Nabua'** a town in Camarines Sur
**nag-aaragáwan** trying to snatch from each other [**ágaw**-to snatch, grab]
**nagbobóla** holding a raffle using numbered balls [**bóla**-ball; raffle]
**nagbúnga** resulted in [**búnga**-fruit, result]
**naghuhurót** urging [**hurót**-to urge, to persuade]
**nagkusóg** became stronger [**kusóg**-strength]
**nakabáse** base on [**báse**-base, basis]
**opisiál** official
**pagbisíta** visit [**bisíta**-visitor, to visit]
**pagkasaksák** stabbing [**saksák**-to stab]
**piggigíbo** conducted [**gíbo**-to do]
**pinu'nán** started [**pu'ón**-start, beginning]
**pundóhon** to stop [**púndo**-stop, cease]
**resolusión** resolution
**resúlta** result
**sa'ín** where
**San Juan** barangay of Iriga City
**Sto. Domingo** barangay of Iriga City
**taúhan** aide [**táwo**-person]
**tayá'** bet

# Selection Twenty-Five

## Gen. Filart Nagsugo mga Sugal Pundohon

Nagpaluwas na nin kasuguan si Brig. Gen. Marino Filart, pamayo kan konstabularia asin polisia sa Bikol, sa gabos na provincial commander asin station commander na pundohon an gabos na ilegal na sugal sa lugar na saindang nasasakupan.

An orden ni Filart ipinaluwas pagkatapos na siya asin si Gobernador Romeo Salalima ibuklo ni Senador Ernesto Maceda bilang may pagka-aram sa operasion kan mga ilegal na sugal partikularmente sa probinsia nin Albay.

Bunga kaini, sunod-sunod na pandadakop an ginibo kan pinagsarong puersa kan PC asin Army sa mga munisipio kan Ligao asin Daraga, sa probinsia nin Albay.

Alagad an orden kan regional commander nagluluwas na dai man sana pigtutubod kan ibang tauhan kan militar mantang padagos pa an operasion kan hueteng sa nagkakapirang munisipio kan Albay asin Camarines Sur.

Segun sa tiniripon na report kan *Balalong*, an hueteng sa Polangui asin Libon, Albay nagpapadagos pa mantang nagkakapirang munisipio sa ika-apat na distrito kan Camarines Sur an nagiging sakduhan pa nin mga taya.

Sa Camarines Sur, pigreport man na padagos an hueteng sa Bula, Pili, Libmanan asin Sipocot.

Kan Mierkoles (Sept. 6) sarong nagngangaran na Felicisima Tampocaw an dinakop kan mga miembros kan Mayor's Squad sa Siudad nin Naga mientras na ini nagkokolekta nin taya sa hueteng. Si Tampocaw nagtuga na soboot saiyang pigdadara an mga taya sa operasion sa Bula.

## Vocabulary

**Bulá'** town in Camarines Sur

**búnga** result [lit: fruit]

**Daraga** a municipality in Albay province

**dinakóp** was arrested [**dakóp**-to apprehend, to arrest, to catch]

**distríto** district

**ibukló'** accused [**bukló'**]

**ika-apát** fourth

**kasugú'an** order [**súgo'**-to send someone on a mission]

**Libmanan** a municipality in Camarines Sur

**Libon** a municipality in Albay

**lugár** area, place

**nagluluwás** came out, turned out [**luwás**-outside, come out]

**nagpaluwás** released [**luwás**-come out ]

**nagpapadágos** continues [**dágos**-to enter; to admit]

**nagsúgo'** ordered [**súgo'**-order]

**nagtugá'** confessed [**tugá'**-to confess, to tell the truth]

**ordén** order, command

**padágos** continuous [**dágos**-carry on]

**pagka-áram** knowledge of [**áram**- know]

**pandadakóp** consecutive or successive arrest [**dakóp**- capture]

**pigdadará** being sent or taken to other place [**dará**-to take, to bring]

**pigtutubód** being followed (as an order ) [**tubód**-to follow; to obey]

**pinagsaróng** united or combined [**saró'**-one]

**Polangui** a municipality in Albay Province

**puérsa** force

**sakdúhan** source [**sakdó**-to get water]

**Septiémbre** September

**Sipocot** town in Camarines Sur

**sunód-sunód** successive [**sunód**-to follow]

**tinirípon** gathered [**típon**-to gather, to collect]

## Selection Twenty-Six

### People Center Pigpuonan na

San Jose, Camarines Sur—An Phase 1 na patrabaho kan P1.9 million na People's Center kan banwaan na ini pigpuonan na kan sarong semana digdi.

Segun ki Mayor Ciriaco Z. San Jose, an kantidad na P950,000 ipinag-release na hali sa discretionary fund ni Third District Congressman Eddie P. Pilapil para sa pagpatindog kan edipisio sa namumugtakan kan social court† digdi.

Ipinaliwanag kan alkalde na an papatindogon na building mataong lindong sa bilog na kahiwasan kan natad kan munisipio na pinaglalaoman na lalo pang mapagayon sa kapalibotan. Sinabi pa man ni Mayor San Jose na an Phase 1 na ini matatapos sa laog nin tulong bulan asin an Phase 2 na igwa man na pondong P950,000 pinaglalaoman man na matatapos bago magbagong taon.‡ (Susog pa sa alkalde), an People's Center magseserbing convention o seminar hall, sports arena, dancing hall asin sa iba pang manga social functions. Idinagdag pa kan alkalde na an proyekto pinaglalaoman na makatabang sa pag-uswag kan San Jose nin huli ta puwede ining makadara nin manga grupo digdi lalong-lalo na itong may seminar o convention.

Naaraman pa man hali ki Mayor San Jose na an P4.4 million na Hall of Justice building digdi tapos na asin madali nang inaguraran.

Dai pa sana nahahaloy*, an renovation asin pagpakisame kan pinagayon na San Jose Municipal building natapos bago nag-piesta digdi kan Mayo 19.

## Vocabulary

**bágo** before
**bílog** whole, entire [lit: circle, round]
**edipísio** building or edifice
**inaguráran** will be inaugurated [**inagurár**-to inaugurate]
**iní(ng)** this, these
**ipinag-release** was released
**itó(ng)** that, those
**kahiiásan** entire part [**híwas**-width]
**kapalibotán** surroundings [**líbot**-to walk around]
**lálo** even more
**lindóng** shaded or protected area
**madalí'** will soon [**dalí'**- quick, easy]
**magba'góng** to renew [**ba'gó**-new]
**magsesérbi(ng)** will serve as [**sérbi**-to serve]
**makadará** will encourage [**dará**-to take]
**makatábang** enhance [**tábang**-to help]
**mapagayón** to make more beautiful [**gayón**-pretty]
**mata'ó(ng)** will give [**ta'ó**-to give, issue]
**Mayo** May
**naaráman** was known [**áram**-to know]
**nag-piésta** celebrated the fiesta
**nahahalóy** long time [**halóy**]
**namumugtákan** where a person or object is located [**bugták**-to place]
**nátad** yard
**natápos** was completed [**tápos**-finish, end]
**pagpakísame** putting up of the ceiling [**kísame**-ceiling]
**paguswág** development [**uswág**-to develop, to improve]
**papatindógon** will be constructed [**tindóg**-to erect]
**pigpu'onán** started or begun [**pu'ón**-to begin]
**pinagayón** remodeled [**gayón**-nice, attractive]
**pinaglala'óman** is expected [**lá'om**-to anticipate, hope for]
**póndo(ng)** funds
**puwéde** will, could [alt: **puéde**]
**San Jose** a municipality in Camarines Sur
**súsog** according to
**tápos** completed

† **Social court** is another term for the town plaza or central gathering place usually adjacent to or in front of the municipal hall.

‡ **Bago magbagong taon** means before the New Year.

* The phrase **dai pa sana nahalhaloy** means not long ago.

# Selection Twenty-Seven

*•Section 27.1*

## Sa Pagbukas kan Slaughterhouse: an Siudad nin Naga Maatubang sa Dakulang Pagkalugi Huli sa Kawaran nin Tultol na Pag-adal

Nakatalaan na bukasan an operasion kan slaughterhouse o bunoan kan Siudad nin Naga sa Martes (Agosto 1) alagad kasabay kaiyan iyo an pag-atubang kan siudad sa pagkalugi huli kan pagbayad kan pig-utang na pondo na ginamit sa nasabing proyekto. Segun ki Gabriel Bordado, sekretario ni Alkalde Jess Robredo, an pag-atubang kan siudad sa posibleng pagkalugi nin sobra sa P7 milyones sa masunod na 15 taon bunga kan kawaran nin tultol na pag-adal kan nagtalikod na administrasion antes na nag-utang ini para sa nasabing kontrobersial na proyekto.

An slaughterhouse pinatindog sa paagi kan P6.5 milyones na pig-utang sa World Bank sa paagi kan Program for Essential Municipal Infrastractures, Utilities, Maintenance and Engineering Development o PREMIUMED durante kan administrasion ni dating Alkalde Carlos del Castillo.

Segun ki Bordado, aktuwalmente an siudad nagbayad na nin P70,000 na minarepresentar kan porsiento kan utang kan nagtalikod na bulan. An siudad igwa sana nin piglalaoman na P10,000 na ingresong makukua kada bulan sa operasion kan bonoan kaya ini nangangahulugan na an siudad malulugi nin P60,000 kada bulan o P3,600,000 sa laog nin limang taon sa pagbayad sana kan interes kan nautang.

## Vocabulary

**Agósto** August
**aktuwalménte** currently, actually
**antés** before
**bunó'an** slaughterhouse [**bunó'**-to butcher]
**bukasán** to start [**bukás**-open]
**ginámit** was used [**gámit**]
**ingréso(ng)** income
**interés** interest
**kasabáy** simultaneous [**sabáy**-to do at the same time]
**kawa'rán** lacking [**wará'**-lost, missing]
**kontrobersiál** controversial
**maatúbang** will be facing [**atúbang**-to confront or face]
**makuku'á** generated [**ku'á**-to take, to acquire]
**malulúgi'** will lose money [**lúgi'**-losing, unprofitable]
**minarepresentár** represents [**representár**-to represent]
**nag-útang** obtained a loan [**útang**-debt, loan]
**nagbáyad** has paid [**báyad**-payment, fee, gratuity]
**nangangahulugán** signifies, means [**kahulugán**-meaning, significance]
**naútang** what was loaned [**útang**-loan]
**paági** means [**ági**-way]
**pag-ádal** study [**ádal**-to study]
**pag-atúbang** to be facing [**atúbang**-to face, in front]
**pagbukás** opening [**bukás**-open]
**pagkalúgi'** loss (of money) [**lúgi**-loss]
**pig-útang** borrowed (money) [**útang**]
**piglala'óman** expected [**lá'om**-hope, expect]
**pinatindóg** was constructed [**tindóg**-to stand]
**póndo** fund
**sekretário** secretary
**sóbra** more than [lit: excess, extra, surplus]
**tultól** well-done
**útang** debt

Sa 1994, an siudad mapuon nang magbayad kan prinsipal na utang sa kantidad na P140,000 asin interes na P70,000 o kaya P210,000 kada bulan asin iyan nangangahulugan nin dagdag na kagabatan sa kaha kan siudad† sa pagmantenir nin sarong proyekto na mayo nin ganansiya kun an lado pinansial an pag-oorolayan, pahayag pa kan sekretario kan alkalde.

Sinabi ni Bordado na napiritan na sana si Alkalde Robredo na gamiton an slaughterhouse sa kamawotan na magkaigwa nin marhay na klase asin malinig na karne an mga konsumidores kan siudad asin pagtaraid na munisipio apesar kan dakulang pierdida na sasapoon kan gobierno lokal sa pagmantenir kaini.

Apuera kaini, ipinahayag ni Bordado na mayo nin ibang pagpipilian an siudad kundi gamiton an bunoan mantang malinaw na nakapalaman sa kontrata entre kan World Bank asin an nagtalikod na administrasion na babayadan kan gobierno lokal an porsiento asin kapital na pig-utang sa nasabing pangkinaban na bangko pag-abot kan ipinag-talaan na panahon, gamiton man o dai an slaughterhouse.

"Makabaldi na pagparaisipon na an milyones na malulugi kan siudad magagamit na kuta na sa mga proyektong pang-imprastraktura asin iba pang serbisio na dapat pakinabangan kan mga namamanwaan," dagdag na pahayag ni Bordado.

## Vocabulary

**apesár** in spite of
**babayádan** will pay [**báyad**-fee, payment]
**bángko** bank
**gamíton** to use [**gámit**]
**ganánsiya** gain, profit
**ipinag-talá'an** scheduled [**talá'**]
**ipinaháyag** declared [**háyag**-to announce]
**kagabatán** burden [**gabát**-weight; burden]
**káha** cash register or cash box
**kama'wótan** desire [**ma'wót**-hope ,longing for]
**kapitál** capital
**kárne** meat
**konsumidóres** consumers
**kontráta** contract
**magagámit** would be able to use [**gámit**-to use]
**magbáyad** to pay [**báyad**-fee, payment]
**makabaldí'** disgusting, sickening [**baldí'**]
**malínaw** clear [**línaw**]
**malínig** clean [**línig**-to clean]
**mapu'ón** will start [**pu'ón**-start, beginning]
**nakapaláman** stated, included [**paláman**-imprinted]
**namamanwá'an** citizens, populace [**banwá'an**-town, country]
**pag-abót** to reach [**abót**-to arrive, to reach]
**pag-oorolayán** what is being talked about [**oláy**-to speak]
**pagmantenír** maintenance [**mantenír**]
**pagparaisípon** the thinking of [**isíp**-think]
**pagpipilí'an** choice [**píli'**-to choose, to select]
**pagtará'id** neighboring [**tá'id**-to be alongside]
**pakinabángan** to be beneficial, useful [**pakinábang**-purpose]
**pang-imprastraktúra** infrastracture
**pangkiná'ban** pertaining to the world, universal [**kiná'ban**-earth]
**pierdída** loss [**piérde**]
**pinansiál** financial
**sasapo'ón** will suffer [**sapó'**-to suffer from hardship or pain]
**serbísio** service

† **Kaha** literally means cash box or safe, thus **kaha kan siudad** refers to the city treasury.

# Selection Twenty-Eight

## Dating NPA sa Ocampo Nagbalik sa Gobierno

Ocampo, Camarines Sur—Ginatos na residentes hali sa barangay digdi na dating nasa irarom kan impluensia kan New People's Army an nagsumpa na masuporta kan gobierno na pinamamayuhan ni Presidente Corazon C. Aquino kasabay kan pagsikwal kan idolohiya kan komunismo.

An panunumpa ginibo kan Lunes (Julio 31) sa pangi-ngenot ni Alkalde Florencio Celino asin Bise Alkalde Roberto Andayog asin pig-atenderan ni Brig.Gen. Javier D. Carbonnel, pamayo kan 2nd Infantry Division; Brig. Gen. Romulo F. Yap kan 201st Brigade asin Lt.Col. Edilberto Pancifane, batallion commander kan 2nd Infantry Batallion (IB) kan Philippine Army.

Sa nasabing seremonia, inako man ni Yap an pagbabalik sa lindong[†] kan gobierno kan maabot sa 4,761 na persona na minakompuesto bilang miembros kan partido NDF, militia ng bayan asin mga suportadores kan NPA.

Sa kaparehong okasion, si Herman Lupio, alyas Ka Julio asin dating pamayo kan Larangang Yunit Gerilya na nag-ooperar digdi nagbatikos kan daing untok na iriwal entre kan mga opisial kan mobimiento asin lagduan na paglilikidar sa mga pinagdududahan na mga deep penetration agents na ipigpaon kan militar sa manlain-lain na sanga kan NPA.

An pagbalik sa lindong[†] kan gobierno kan nasabing bilang nin dating aktibong miembros asin suportadores kan NPA bunga man kan pag-operar kan Special Operation Team (SOT) kan 2nd IB na pinamamayuhan ni Pancifane.

Sa report ni Pancifane ki Carbonnel, sinabi kaini na anom na barangay sa Albay asin 42 sa Camarines Sur an nabawi kan SOT kan 2nd Infantry Batallion sa kamot kan mga NPA kan nagtalikod na anom na bulan sa taon na ini. An nasabing mga barangay gikan man sa mga munisipio kan Polangui asin Libon sa Albay; Baao, Buhi, Bato, Ocampo asin Siudad nin Iriga digdi sa Camarines Sur.

## Vocabulary

**aktíbo(ng)** active
**ginatós** hundred [**gatos**]
**da'í(ng)** none; no
**idolohíya** ideology
**impluénsia** influence
**ipigpá'on** (used as) bait [**páon**-bait; lure]
**irárom** under, beneath [**rárom**-depth, deep]
**iríwal** fighting, argument [**íwal**-to quarrel]
**Julío** July; also, a man's name
**komunísmo** communism
**Larangang Yunit Gerilya** Field Guerilla Unit [Tag]
**masupórta** will support [**supórta**-support]
**militia ng bayan** national army [Tag]
**minakompuésto** composed of [**kompuésto**-compose]
**mobimiénto** movement
**nag-ooperár** was operating [**operár**-to operate]
**nagbalík** returned [**balík**-to return, to turn over or turn around]
**nagbatíkos** criticize [Tag: **batikos**-severe criticism]
**nagsumpá'** took an oath, promised [**sumpá'**-oath, promise, pledge]
**násu** be at, in, on, about
**NDF** National Democratic Front
**pag-operár** work [**operár**-to operate]
**pagbabalík** the return [**balík**-return]
**pagbalík** the return [**balík**- return]
**paglilikidár** liquidation [**likidár**-to liquidate]
**pagsikwál** renouncement [**sikwál**-to renounce, to ostracize]
**panunumpá'** oath taking [**sumpá'**-oath, promise]
**partído** party,as in a political party
**pig-atenderán** attended by [**atendér**-to attend]
**pinagdududáhan** suspected [**dúda**-suspicion, doubt]
**presidénte** president
**seremónia** ceremony
**suportadór(es)** supporter(s) [**supórta**-to support]
**untók** stop, cease

† **Lindong** literally means shade, but in this instance, it refers to the return by the NDF party members to the shadow of or camp of the government.

# Selection Twenty-Nine

## Kotse ni Villafuerte Imbuelto sa "Hit and Run"

Kotse ni Gobernador Luis Villafuerte an maysadiri kan plaka numero LAX 624 na nakabudal sa jeep ni Fr. Jose Cortez, kura paroko kan Ocampo, Camarines Sur, alagad duminulag pagkatapos kan aksidente.

An bagay na ini pigkonpirmar ni Pablo Echano, Supervising Officer kan Land Transportation Office (LTO) sa Siudad nin Naga kan ipahiling saiya an plaka kan behikulo na imbuelto sa nasabing aksidente sa trapiko.

Segun sa record kan polisia sa Pili, si Fr. Cortez asin duwa pang kaibahan papuli na kuta na sa Ocampo hali sa siudad nin Naga kan mabudalan an saindang nalulunadan na jeep na may plaka EAB 408 mga alas 12:15 nin hapon kan Marso 9 sa Pili National Highway.

Alagad embes na magpundo an nakabanggang behikulo na pigmamaneho nin dai mamidbidan na persona, ini nagdulag asin dai man daa nagsuko sa mga awtoridad. Maski ngani malain na an namatian kan padi natandaan man giraray† daa kaini an plaka kan behikulo na nakabangga sainda. Si Fr. Cortez asin an duwa niyang kaibahan nagsapo nin manga gasgas sa manlain-lain na parte kan saindang hawak bunga kan aksidente mantang an behikulo na nalulunadan ninda naraot man.

Segun ki Echano, an nakabanggang behikulo dating pagsasadiri ni Col. Andres Superable asin ini ipinabakal ki Gobernador Villafuerte.

Sagkod sa pigsusurat an baretang ini, dai pa man makonpirmar kun siisay an nagmamaneho kan nakabudal na kotse mantang an nasabing behikulo dai na man daa nahihiling mismo‡ kan mga awtoridad na naghahanap kaini.

## Vocabulary

**aksidénte** accident
**baréta(ng)** news
**duminulág** fled, escaped [**dulág**-to escape]
**embés** instead [alt: **envez**]
**gasgás** bruises, abrasions
**hápon** afternoon
**ipahilíng** was shown [**hilíng**-to look]
**ipinabakál** was sold [**bákal**-to sell]
**kúra** curate [**kura-paroko**-parish priest]
**kótse** car, automobile
**mabudálan** was hit [**budál**-to hit someone]
**makonpírmar** can be confirmed [**konpírmar**-to confirm]
**magpúndo** the act of stopping [**púndo**-to stop]
**malá'in** to feel bad [**lá'in**-different]
**mamidbídan** identified [**midbíd**-acquainted, know]
**nagmamaného** was driving [**maného**-to drive]
**nagsúko'** surrendered [**súko'**]
**nakabanggá(ng)** was hit in a collision [**banggá'**-to hit, collide]
**nakabudál** hit, collided with [**budál**]
**nalulunádan** (vehicle) being ridden in [**lúnad**-to ride]
**nará'ot** was damaged [**rá'ot**-ruin]
**natanda'án** was able to remember [**tandá'**-recall]
**número** number
**pádi'** priest
**pagsasadíri** owned by [**sadíri**-property]
**papulí'** going home [**ulí'**-to return home]
**pároko** parish
**pigkonpirmár** was confirmed [**konpirmár**-to confirm]
**pigmamaného** was being driven by [**maného**-to drive]
**pigsusúrat** what was written [**súrat**-to write]
**pláka** license plate
**sí'isay** who
**trápiko** traffic

† Although **giraray** by itself means again (see Selection 18), here the phrase **man giraray** means still or eventually.

‡ **Mismo** here adds the connotation that although the vehicle has not been personally or specifically seen by the authorities, there exists the possibility that they have heard of its whereabouts.

# Selection Thirty

## PAGASA Nagpatanid sa Madalan kan Eklipse

Camaligan, Camarines Sur—Pinatanidan ni Engr. Virgilio B. Fuentebella, pamayo kan Bicol River Basin Flood Forecasting and Warning System-PAGASA, an mga madalan kan eklipse ngonian na aldaw na dai maggamit nin ordinariong sunglasses tanganing dai madanyaran an saindang mga mata.

Sinabi ni Fuentebella na mismong an pamosong siyentipikong si Galileo nabuta an tuong mata huli sa paggamit nin sarong pulgadang teleskopio sa pag-obserbar kan eklipse.

An hepe kan PAGASA digdi nagpahayag na an mga madalan kan eklipse maggamit kan goggles o antipara kan mga para-welding o itong inaapod na smoked transparent glasses asin direktamenteng maghiling sa aldaw[†].

Ipinahayag pa ni Fuentebella na an Kabikolan makakamati kan Solar Eclipse ngonian na aldaw alagad bakong arog kan mahihiling kan yaon sa Mindanao.

Sa Bikol, maabot sana sa 70 hasta 80 porsiento an matatahoban kan bulan[†] sa saldang kaya nasa 20 hasta 25 porsiento an dai matatahoban. An eklipse mamamatian puon alas 8:00 hasta 10:30 nin aga.

Mientrastanto, an PAGASA-Camaligan maselebrar kan saindang World Meteorological Day (WMD) sa Mierkoles (Marso 23).

Sa nasabing okasion, magkakaigwa nin inaapod na open house and lecture forum puon alas 2:00 nin hapon. Ipapaliwanag sa mga miembros kan media an trabaho o papel kan media sa pagserbi sa mga namamanwaan.

## Vocabulary

**antipára** eyeglasses
**Camaligan** a town in Camarines Sur
**direktaménte(ng)** directly
**eklípse** eclipse
**hépe** chief [alt: **jefe**]
**ipapaliwánag** will be explained [**liwanag**-light, clear]
**maselebrár** will celebrate [**selebrár**-to celebrate]
**mádalan** will watch [**dálan**-to watch]
**madanyarán** to get injured [**danyár**-to damaged]
**maggámit** to use [**gámit**-to use, to avail]
**magkakaigwá** will have [**igwá**-there is; have]
**mahihilíng** can be seen [**hilíng**-to see]
**makakamáti'** will experience [**máti'**-to feel, to sense]
**mamamatí'an** will be experienced [**máti'**]
**matá** eyes
**matatahóban** will be covered [**táhob**]
**miéntrastánto** meanwhile
**Mindanao** the second largest and southernmost of the major islands of Philippines
**mísmo(ng)** even; specifically
**nabúta** was blinded [**búta-blind**]
**nagpaháyag** announced [**hayag**-announce, inform]
**ordinário(ng)** ordinary
**PAGASA** Philippine Astronomical, Geophysical, and Scientific Administration
**paggámit** the use of [**gámit**-to use]
**pag-obserbár** in observing
**pagsérbi** in service [**sérbi**-to serve]
**papél** role [lit: paper]
**para-welding** welder
**pinatanídan** warned [**patánid**-warning]
**pulgáda(ng)** inch; inches
**saldáng** sun, sunshine
**siyentípiko(ng)** scientist
**teleskópio** telescope
**tu'ó(ng)** right

† Note that **aldaw** and **bulan** here refer to the sun and moon respectively, not day and month.

# Selection Thirty-One

## Para-Trawl Dinarakop sa San Miguel Bay

Calabanga, Camarines Sur—Apesar kan pagkakaigwa na nin kasunduan asin linderos kan lugar na dapat pagdakupan nin sira kan mga para-trawl asin saradit na parasira sa San Miguel Bay, nagluluwas na padagos man giraray an pagbalga kan kasunduan asin sa mismong ordinansa kan munisipio.

An bagay na ini naglalataw pagkatapos madakop kan Task Force San Miguel Bay na pinamamayuhan ni Pat. Raul Romero an 28 tripulante kan pitong baby trawl kan Miyerkoles (Hunio 6) na banggi.

Segun ki Pat/Capt. Ernesto Indian, pamayo kan polisia digdi, kadaklan kan nagkadarakop kan Task Force na kompuesto nin tolong pulis asin sarong representante kan tesorera munisipal, mga residentes man sana kan Calabanga asin an iba taga-Tinambac.

Dai pa man pigboyagyag kan polisia an mga pangaran kan mga pasaway pati na an maysadiri kan pitong trawl maski ngani pig-aandam na an kaso kontra sa mga suspetsado huli soboot sa pagbalga kan municipal ordinance 98-9.

Matatandaan na kan nagtalikod na bulan, nagkaigwa nin pag-irinitan an mga para-trawl asin saradit na parasira sa San Miguel Bay na nagbunga sa pagkakonkon sa karsel kan 17 parasira na nandakop nin trawl.

An problema temporariong napundo kan makiaram si Gobernador Luis R. Villafuerte asin magplantar nin piyansa para sa mga parasira na mga miembros kan COF-SMB asin pag-orolayan an pagbugtak nin linderos sa kadagatan na dapat iyo lang an sakupon kan operasion kan trawl asin saradit na parasira.

## Vocabulary

**Calabánga** a town in Camarines Sur

**COF-SMB** Committee on Fisheries-San Miguel Bay

**dinarakóp** were caught [**dakóp**-to arrest, to catch]

**kadaklán** majority, most [**dakol**-many]

**kasundú'an** agreement [**sundó'**-to agree]

**kompuésto** composed of

**lindéros** boundaries

**madakóp** were able to catch [**dakóp**-to apprehend, catch]

**magplantár** filed [**plantár**-to file (a case, complaint)]

**makiáram** interfered, got involved [**áram**-to know]

**matatanda'án** can be remembered [**tandá'**-recall]

**nagkaigwá** had [**igwá**-to have]

**nandakóp** were catching [**dakóp**-to catch]

**ordinánsa** ordinance

**pag-orolayán** dialogue, negotiations [**oláy**-to talk]

**pagbalgá** violation [**balgá**-violate]

**pagbugták** the putting or setting up of [**bugták**-to put or to set up]

**pagdakúpan** a place for catching [**dakóp**]

**pagirinítan** disputes, arguments [**init**-angry; hot]

**pagkakaigwá** of having

**pagkakonkón** incarceration [**konkón**-to lodge somebody in jail]

**para-trawl** trawlers

**pasawáy** culprits [**sawáy**-to prohibit]

**Pat.** Patrolman

**pig-aandám** is being prepared [**andám**-to prepare]

**piyánsa** bail

**probléma** problem

**representánte** representative

**sakúpon** coverage area [**sákop**]

**saradít** small [**sadít**-small, little]

**sirá'** fish

**taga-Tinambac** from Tinambac, Camarines Sur [**taga**-from, native of]

**temporário(ng)** temporarily

**tesoréra** treasurer

**tripulánte** crew; person manning a boat

# Selection Thirty-Two

## Doña Aurora Bisita Digdi

Camaligan, Camarines Sur—Sorpresang nagbisita kan Hunyo 11ng aga sa banwaan na ini si Doña Aurora Aquino, ina ni depuntong senador Ninoy Aquino na iyo man an esposo ni Presidente Corazon Aquino.

Sinabi ni alkalde Manuel Prado si Doña Aurora iyo an nangenotan sa sarong grupo nin mga delegasion hali sa Manila na nagtao nin seminar mapadapit sa "Christian maturity" para sa mga paratukdo sa eskuelas publikas na ginibo sa Camaligan Central School.

An mga kaibanan sa delegasion ni Doña Aurora naging katuwang sa pagtukdo dapit sa Christian maturity na mayoria kan mga paratukdo naka-atender kan nasabing seminar. Apuera kan mga kaibahan na instructor ni Doña Aurora pagkahapon si Msgr. Leonardo Legaspi kan Archdiocese of Caceres nagtaram man mapadapit sa kaparehong tema.

Mientrastanto ipinahayag ni Alkalde Prado na sinabi kan saiyang tugang na si Pete Nicomedes Prado, General Manager(GM) kan Philippine National Railways na si Presidente Corazon Aquino nagkonporme na magbisita sa Camaligan para sa inagurasion kan Camaligan fishing port na posibleng mangyari sa bulan na Septiembre o kun dai sa bulan na Nobiembre ngonian na taon.

Segun pa sa alkalde kan Camaligan, haros igwa na nin kasigurohan na an nasambit na proyekto mahahaman na mantang igwa na nin pig-tatarget na petsa nganing inaguraran ini kun hain an hepe kan ehekutibo iyo an linalaoman na magiging mayor na bisita.

Naenot kaini an kaparehong proyekto sa Sual, Pangasinan natapos na an inagurasion asin an mayor na bisita iyo si Presidente Aquino. Si GM Prado iyo an direktor kan proyekto sa fishing port sa bilog na nasion.

Magigirumduman na an nasabing politiko sa Camarines Sur kan mga nakaaging taon, nagkaigwa nin mainit na isyu manungod sa kun sain na banwaan ibubugtak an nasabing proyekto asin huli kaini iyo so naging dahilan kan atrasadong pag-implementar kan proyekto na kutana amay natapos.

## Vocabulary

**ámay** early; earlier
**atrasádo(ng)** delayed, late, slow
**bisíta** guest; visitor
**dahilán** cause, reason, factor
**dapít** about, regarding
**delegasión** delegation
**depúnto(ng)** the late (deceased person)
**direktór** director
**ehekutíbo** executive
**eskuélas** school
**espóso** spouse
**há'in** where
**ibubugták** will be placed [**bugták**-to place]
**iná'** mother
**inagurasión** inauguration
**isyu** issue
**kaibánan** companion, colleague [**ibá**-to go, to come]
**kasiguróhan** assurance
**katuwáng** assistant [**tuwáng**-to help somebody by taking the other half of the load]
**linalá'oman** is expected [**lá'om**-to expect or to anticipate]
**magigirumdóman** to recall [**girumdóm**-to recall, reminisce]
**mahahamán** will be finished [**hamán**-completed]
**mangyári** to happen
**mayoría** majority
**mayór** major
**naénot** first, before [**énot**]
**nagbisíta** visited
**nagkonpórme** conformed, agreed [konpórme]
**nagta'ó** gave [**ta'ó**-to give]
**nagtarám** gave a lecture [**tarám**-to speak]
**naka-atendér** attended [**atendér**-to attend]
**nangenótan** head, leader [**énot**-first, lead]
**ngáni(ng)** so that, indeed
**Nobiémbre** November
**pag-implementár** implementation [**implementár**-to implement]
**pagkahápon** in the afternoon
**pagtukdó'** teaching [**tukdó'**-to teach, to coach]
**Pangasinán** a province in Central Luzon
**paratukdó'** teacher [**tukdó'**-to teach]
**petsá** date of the month
**pig-tatárget** target
**polítiko** politician; politics
**públikas** public
**sorprésa(ng)** surprise; surprising
**Suál** a town in Pangasinan
**téma** subject, theme
**túgang** sibling; brother or sister

# Selection Thirty-Three

## •Section 33.1

### Pagkalot nin Baybay sa Salog Ipinagreklamo

Pili, Camarines Sur—Ipinagreklamo kan manga residentes na nag-iiristar digdi sa may gilid kan salog sa Barangay San Jose an soboot na daing kapundohan na pagkalot nin baybay asin graba sa mag-ibong na pampang kan salog. An manga apektadong nag-iiristar sa lugar na ito nagsumbong sa *Aniningal* † na an sige-siging pagkalot asin paghakot nin construction materials hali sa salog nakakaina na nin poko mas o menos walo nang hektaryang daga sa may kabangang kilometro nang laba kan mag-ibong na gilid kan salog. Ginigibo an pagkalot aro-aldaw kan may manga sarong gatos na parakalot asin pighahakot man kan nag-aabot sa beinteng truck, sabi kan mga impormantes kan *Aniningal*. An daga pagsasadiri soboot kan Camarines Sur State Agricultural College (CSSAC).

Pigbisita man an lugar kan manga tauhan kan Bureau of Mines alagad mayo man soboot nin naginibohan an manga ini. An may concession asin permiso hali sa Bureau of Mines sa pagkalot o pagmina kan baybay sa lugar na ito iyo si Visitacion Nopre.

## Vocabulary

**apektádo(ng)** affected

**Aniningál** name of a newspaper in Bikol

**aro-aldáw** everyday [**aldáw**-day, sun]

**baybáy** sand

**dagá'** land, soil

**gatós** hundred

**gílid** (river) side or bank

**grába** gravel

**hektárya(ng)** hectare

**impormántes** informants

**ipinagreklámo** complained about [**reklámo**-to complain]

**itó** that

**kabangá'(ng)** (one) half [**bangá'**-to divide in half]

**kapundóhan** stop [**púndo**- o stop, terminate]

**kilométro** kilometer

**lába'** length

**mag-ibóng** both sides [**ibóng**-side, the other side]

**ménos** less

**nag-aabót** almost, about

**nag-iiristár** residents [**istár**-to live, reside]

**nagsumbóng** reported [**sumbóng**-to report about]

**nakakaína'** reduced [**ína'**-to remove, to reduce, to lessen]

**paghákot** hauling [**hákot**- carry]

**pagkálot** excavation or digging [**kalót**-to dig]

**pagmína** mining [**mína**-mine]

**pampáng** (river) bank

**parakalót** digger or excavator [**kalót**-to dig]

**permíso** permit

**pigbisíta** visited

**pighahákot** being hauled [**hákot**]

**póko** some [lit: small amount]

**síge-siging** continous [**síge**-okay, go on]

**waló** eight

†**Aniningal** literally means echo.

## •Section 33.2

Mientrastanto sa sarong entrebista na ginibo kan *Aniningal* ki Dr. Ciriaco N. Divinagracia, presidente kan CSSAC, siya nagsabi na an presenteng pagkalot sa parteng ito kan Binasagan River (inaapod man na San Jose River) ilegal asin luwas na sa itinaong permiso kan Bureau of Mines. Kun kaya ngani, siya nagplantar nin pormal na reklamo sa manga nanonongdan tanganing pundohon na an pagkalot.

An CSSAC igwang propiedad na daga sa lugar na ito na dai kukulangon sa 300 hektaryas.

Sabi ni Divinagracia an pagkua nin baybay bako naman sa laog kundi pigtutupas an gilid kan salog (river bank) kun banggi tanganing an baybay kaiba na an daga maghuros sa salog.

Kun dai mapupundo an paghakot na ini kan baybay, graba asin daga namemeligro na aboton sa pagtupas kan daga sa dai mahahaloy na panahon an lugar kan Modern Village Subdivision asin an Camarines Sur Sports Complex (an dating Marcos Stadium), dagdag ni Divinagracia.

Soboot an Provincial Engineer's Office nagkukua man nin baybay asin graba sa lugar na nasambit para sa manga construction projects kan gobierno probinsial.

## Vocabulary

**abotón** will reach [**abót**-to arrive, come]

**Binaságan** a municipality of Camarines Sur

**hektáryas** hectares

**igwá(ng)** to have or possess; there is

**itiná'o(ng)** given, issued [**tá'o**-to give]

**kukulángon** less (than) [**kúlang**-lacking]

**luwás** not included [lit: outside]

**maghurós** will slide [**hurós**-to slip]

**mahahalóy** a long time [**halóy**]

**mapupúndo** will stop [**púndo**]

**nagplantár** filed or lodged (a complaint or grievance) [**plantár**-to set up]

**nagsábi** said [**sábi**-to say]

**namemelígro** in danger [**pelígro**-danger, hazard]

**nanonóngdan** authority

**pagku'á** excavation [**ku'á**-to take]

**pagtupás** eroding [**tupás**-to erode]

**párte(ng)** part

**pigtutupás** by eroding or intentionally breaking down the riverbank [**tupás**-to erode]

**pormál** formal

**presénte(ng)** present

**propiedád** property

# Selection Thirty-Four

## Lalaki Nauntog O Binanog?

Siudad nin Legazpi—Padagos na pagisisiyasat kan opisina rehional kan Commission on Human Rights sa makadudang pagkagadan nin sarong persona na nauntog soboot an payo sa semento pagkatapos na mabangga kan saiyang bisekleta an sarong elemento kan konstabularia.

An imbestigasion pigsugo ni Director Pelagio Señar, Jr. pagkatapos na maglataw an pagduda na si Eduardo Añonuevo nagadan bakong huli sana sa pagkakauntog kan payo sa semento kundi sa iba pang makukulog sa hawak.

Sa inisyal na imbestigasion, nagluluwas na si Añonuevo nahulog sa saiyang bisekleta kan saiyang mabunggo an sarong C2C† Saturnino mga alas 11:00 nin banggi sa Barangay Himalnod digdi. Si Saturnino nagsapo man soboot ni mga gasgas sa saiyang hawak.

An biktima dinara man soboot sa Albay Provincial Hospital alagad ini nagadan man sana kan Hunyo 2. An resulta kan autopsiya dai man ipinapaluwas sagkod sa oras na pigsusurat an baretang ini.

Sinabi pa sa report na an biktima na empleado kan People's Marketing digdi igwa nin daradarang kuwarta hali sa pagdeliber nin mga Liquified Petroleum Gas kan mangyari an insidente.

## Vocabulary

**autopsíya** autopsy
**binanóg** beaten up [**banóg**-to beat]
**bisekléta** bicycle
**dará-dárang** carrying [**dará**-to carry]
**eleménto** member [lit: element]
**Himalnod** a barangay in Legazpi, Albay
**imbestigasión** investigation
**insidénte** incident
**inísial** initial
**ipinapaluwás** being released [**luwás**-to come out, outside]
**makukulóg** injuries [**kulóg**-pain, ache]
**kuwárta** money
**laláki** man; male
**mabanggá'** ran into [lit: **banggá'**-bump into, crash]
**mabunggó'** hit, ran into [**bunggó'**-see **banggá'**]
**maglatáw** came out [**latáw**-to float, to appear]
**makadúdang** suspicious [**dúda**-doubt]
**nauntóg** bumped his head [**untóg**-to bump the head]
**pagdelibér** delivery
**pagdúda** suspicion
**pagisisiyásat** investigation [**siyásat**-to investigate]
**pagkakauntóg** the bumping of the head [**untóg**]
**pigsúgo'** ordered [**súgo'**-to order, commission]
**rehionál** regional
**seménto** cemented pavement [lit: cement]

† **C2C** is the abbreviation for the rank of Corporal Second Class.

# Selection Thirty-Five

## Alfelor Nag-aktuar vs GSIS Transfer
## Tulo pang Regional Office Planong Darahon sa Albay

Siudad nin Iriga—Sarong resolusion an nakatalaan na ipresentar ni deputado Ciriaco Alfelor kan ika-apat na distrito kan Camarines Sur sa Camara Baja† sa pagbukas kan sesion regular sa masunod na bulan na maghuhurot ki Presidente Corazon Aquino na dai paghiroon an apat na mga opisina rehional kan gobierno na namumugtak sa probinsiang ini.

Sinabi pa ni Alfelor na saiyang hahagadon an tabang kan iba niyang pag-iriba sa Camara Baja na mga representante kan Camarines Sur tanganing ipahiling na nagkakasararo an mga lideres lokal sa probinsia nganing ma-ulang an plano kan Regional Development Council (RDC) kan Bicol sa paghubo kan mga opisina rehional.

Naenot kaini durante sa ginibong meeting kan RDC sa Bicol kan nagtalikod na bulan pinagluwas an plano na an mga opisina rehional kan Department of Agriculture, National Irrigation Administration (NIA), Government Service Insurance System (GSIS) asin Social Security System (SSS) dapat ibalyo sa Siudad nin Legazpi huli ta iyo ini an regional center kan Bicol.

Sinabi pa kan deputado kan ika-apat na distrito kan probinsia na saiyang nagigirumduman durante kan dating rehimen ni Marcos, igwang Presidential Decree na nagsusugo na an mga opisina rehional kan gobierno kinakaipuhan mamugtak sa Albay huli ta iyo soboot ini an regional center.

Alagad katakod man kaini, segun ki Alfelor, maninigo pang emiendahan an nasabing dekreto presidensial nganing ulangon an plano kan RDC na ubuson an nasabing opisina digdi sa Camarines Sur.

Susog sa entrebista sa mga pamayo kan nasambit na ahensia kan gobierno, nasa 90 porsiento kan mga empleados mga residentes kan siudad nin Naga asin pagtaraid na banwaan kaya kun madadagos an pagbalyo kan manga opisina rehional dakulang perwisio ini sa mga empleados. Pati na dakulang gastos kan gobierno sa paglipat mantang si Presidente Corazon Aquino mismo an nagsasabi na magtipid an mga ahensia kan gobierno sa tahaw kan pagkatikapo sa pondo.

Mismo man an mga opisial kan nasabing opisina an dai man kumbensido sa plano kan RDC. Si dating Gobernador Jose Estevez iyo an chairman kan RDC sa Bicol na bistadong taga probinsia nin Albay.

## Vocabulary

**ahénsia** agency
**bistádo(ng)** known
**dekréto** decree
**deputádo** deputy or representative
**emiendahan** to amend [**emiendar**]
**gastós** expenses
**hahagádon** will ask [**hágad**-to request]
**ipresentár** to be presented [**presentár**-to present]
**katakód** in relation, in connection [lit: **takód**-connect, bind together]
**kinakaipúhan** appropriately [**kaipúhan**-necessary]
**kumbensído** convinced
**líderes** leaders
**ma-uláng** to block [**uláng**-barrier; to obstruct]
**madadágos** will pursue or continue [**dágos**-to continue]
**maghuhurót** will urge [**hurót**-to urge, to ask]
**magtipíd** to economize [**tipíd**-thrifty]
**namumugták** located at [**bugták**-to position, locate]
**maninigó'** appropriate [**nigó'**-proper]
**nag-aktuár** takes action [**aktuar**-to put into action]
**nagigirumdomán** to recall [**girumdóm**-to remember]
**nagkakasararó'** united [**saró'**-one]
**nagsasábi** said [**sábi**-to say]
**nagsusúgo'** ordered [**súgo'**-order]
**pagbalyó** the transfer [**balyó**-to transfer, move]
**paghiró'on** the moving around [**hiró'**-to move around, stir]
**paghúbo'** the transfer [**húbo'**-to move to a new place]
**pagkatikapó** shortage [**tikapó**-lacking]
**paglipát** the transfer [**lipát**-to move, to transfer]
**perwísio** disturbance
**pinagluwás** was released [**luwás**-out, outside]
**pláno(ng)** plan
**presidensiál** presidential
**rehimén** regime
**sesión** session
**tábang** support, help
**tagá** from
**ubúson** to remove, to transfer or relocate [lit: **úbos**-to consume, to finish]
**ulangón** to prevent, to impede [**uláng**-to impede, obstruct]

† **Camara Baja** refers to the Lower House of the Philippine legislature.

# Selection Thirty-Six

## Ibarbia, Sr. "Gintong Ama"

Si Agaton N. Ibarbia, Sr. pamayo kan Small Landowners of Buhi, Inc. asin Senior Citizens (San Felipe Chapter) iyo an marepresentar kan Bikol Region tanganing tawan kan honrang "Gintong Ama" ngonian na taon.

An honra reresibihon ni Ibarbia sa seremonia na gigibohon sa Araneta Coliseum duman sa Manila sa Domingo (Agosto 6), kaibahan an siyam pang Gintong Ama asin sampulong Gintong Ina Awardees hali sa manlain-lain na parte kan nasion.

An Gintong Ama-Ina Award itinatao taon-taon sa mga ina asin ama na naging dedikado sa pagtao nin serbisio bako lang sa saindang pamilia kundi sa banwaan. Ini sarong proyekto kan Gintong Ama-Ina Foundation, Inc. na pinamamayuhan ni Mrs. Consolacion M. Roy.

Si Ibarbia enot na man na tinawan kan "Dedicated and Efficient Award" pagkatapos kan saiyang 40 años na pagtukdo sa pampublikong eskuelahan sa Buhi, Camarines Sur.

## Vocabulary

**dedikádo** dedicated
**gigibóhon** to be held; to be done [**gibo**]
**gintó(ng)** golden [**gintó**-gold]
**hónra(ng)** honor
**itinata'ó** being given [**ta'ó**-to give]
**marepresentár** will represent [**representár**-to represent]
**pagta'ó** in giving [**ta'ó**-to give]
**pampúbliko(ng)** (for the) public
**reresibihón** will be received by [**resibí**-to receive]
**ta'ón-ta'ón** every year, yearly
**ta'wán** will be given
**tina'wán** was given [**ta'wán**]

# Selection Thirty-Seven

## Hoy,'86 na!

Bagong taon na kaya dapat sana man na magbagong buhay naman kita. Bagohon ta na an kaisipan na dai kita mabubuhay kun dai kita tatabangan kan mga dayuhan. Bagohon ta naman an satuyang pagtubod na dai ta kayang magsoro-sadiri. Kaya ta iyan.

Bagohon ta naman padagos an labi-labi tang pagtubod sa karahayan na idudulot nin pirilian. Magpa-rehistro, pag-abot nin pirilian magpili, pagkatapos magbalik sa sadiring kayod.

Magtubod kita sa sadiri tang kakayahan. Dai paghalion sa sadiri an pagtubod sa Mahal na Diyos. Magtubod ka sa sadiri mo. '86 na baga.

## Vocabulary

**bagá** an expression which gives emphasis; afterall

**ba'gohón** to change [**ba'gó**]

**dayúhan** foreigner, alien

**Diyós** God

**hoy** hey

**idudúlot** being imparted [**dúlot**-offer]

**kaisípan** thinking [**ísip**-idea, thought, opinion]

**kakáyahan** capabilities [**káya**-to endure]

**káya(ng)** to be able, to withstand

**káyod** hard work

**kitá** we (you and I), our

**labí-labí** too much; outrageous

**mabubúhay** to survive [**búhay**-life, to live]

**magbalík** to go back, return

**magparehístro** to register [**rehístro**-to register]

**magpíli'** vote [**píli'**-to choose]

**magsorosadíri** support oneself, to live independently [**sadíri**- self]

**magtubód** to believe in [**tubód**-have faith, believe]

**mahál** Almighty [lit: dear, expensive]

**mo** you (singular)

**paghalí'on** lose , send away [**háli'**-to leave]

**pagtubód** belief [**tubód**-to have faith in, to believe]

**pirilí'an** election [**píli'**-to choose]

**sadíri** self, oneself

**satúya(ng)** our, us (inclusive)

**tabángan** helped, aided by [**tábang**-to help one another]

**ta(ng)** our (yours and mine)

# Selection Thirty-Eight

## NIA, Nag-aayuda sa NPA?

An National Irrigation Administration (NIA) digdi sa Bicol nagnegar sa sahot na sinda nagtatao nin financial assistance sa NPA basado sa exposé na ginibo ni Senador Ernesto Maceda. Iyan baga an ugali kan manga Filipino, perme sanang negado maski ngani nadakop na sa akto mina-negar pa. Bako?

## Vocabulary

**ákto** act
**Filipíno** citizen of the Philippines
**mina-negár** still denying [**negár**-to deny]
**nag-aayúda** giving aid [**ayúda**-help]
**nagnegár** denied [**negár**-to deny]
**negádo** unfit, incapable
**pérme** always firm, unshaking
**ugáli'** traits, character, manner, personality

# Selection Thirty-Nine

## Kampanya sa Politika

An dating OIC Vice Governor na si Julius Cea Napal, may plano daang magdalagan bilang representante sa terser distrito. Sige na daa an lantad ni Julie.

Si Vice Governor Nonoy Bulaong, sa primer distrito man daa. Dai daw sakiton ki Cong. Lando Andaya?

Abangan an gurunitan sa Kongreso!

## Vocabulary

**abangán** watch for, wait for [**abáng**-watch]
**kongréso** Congress
**da'á(ng)** supposedly, reportedly
**gurunítan** race, contest or fight [lit: **gunít**-to fight by pulling the hair]
**lantád** [fig.] being seen publicly
**magdalágan** to run [**dalágan**-to run]
**primér** first
**sakíton** difficult [**sákit**-hard, tough]
**sigé** to go on; to continue doing something
**tersér** third
**OIC** Officer In Charge

# Selection Forty

## Dayuhan Napili

Sa Peru, naelihir an sarong Hapones bilang Presidente. Digdi baga sato, intsik man.

## Vocabualry

**Haponés** Japanese
**intsík** Chinese
**naelihír** elected [**elihír**]
**napíli'** was chosen [**píli'**-choose]
**sató'** ours (inclusive) [alt: **satúya**]

# Selection Forty-One

## Mga "Trapos" Nagkakorubhanan

Dakol na mga "trapos" (traditional politicians) an nagkakorubhanan sa pig-organisar na agrupasion ni Presidente Aquino.

Garo nagkahorubaan sa simbahan.

## Vocabulary

**agrupasión** group, crowd, gathering
**garó** as if, it seems that
**nagkahorubá'an** undressed [**húba'**-naked from the waist up]
**nagkakorubhanán** shocked or startled [**kubhán**-to shock]
**pig-organisár** was organized [**organisár**-to organize]
**simbáhan** church

# Selection Forty-Two

*Tabi Apo*

Media Nagtaong Lead, Sunod na Lakdang sa Pulis Naman

An paghuna gayod ni Col. Beltran an mga periodista sa Naga bahag an ikog. Dai niya mapapatakot an mga ini kun libel man sana. An libel tabi, Col. Beltran, pigpapamahawan mi, pigpapangudtuhan, pigmemerindalan sagkod pigpapamanggihan pa. An almuerso, libel man giraray.

Ihantad mi daa an samuyang source. Mortal sin iyan, Col. Beltran sa sarong taga-media. Never reveal your source, primerong leksion na dapat manudan kan sarong niyaon sa media.

Nagtatao na tabi kami nin lead, an sunod na lakdang, niyaon na sa saindo. Sa kaso kan harabonan nin damulag, pasil man sana man bagang makua kun gugustuhon nindo. Dumanan nindo kun sain may pigbubuno o pigtitindang karne nin damulag.

Sabi ngani kaiyan ni Sherlock Holmes sa saiyang sidekick, "Elementary my dear Watson, elementary."

Anong say mo, Col. Beltran?

## Vocabulary

**almuérso** midnight snack

**ápo'** title showing respect for an older person

**bagá(ng)** you know it would

**bahág** cowards [lit: loin cloth]

**damúlag** carabao; water buffalo

**dumánan** look or go to the place [**dumán**-there]

**pásil** easy

**gayód** probably

**gugustuhón** to want to [**gustó**-like, want]

**hara'bónan** (cattle) rustling [**ha'bón**-to steal]

**ihantád** to reveal [Tag: **hantád**-expose]

**íkog** tail

**kamí** us, we (exclusive)

**lakdáng** step [Tag: **lakdáng**-step,stride]

**leksión** lesson

**manu'dán** to be learned [**nu'ód**-educated]

**mapapatákot** threatened [**tákot**-fear]

**mi** our (exclusive)

**nagta'ó(ng)** gave [**ta'ó**-to give]

**niyá** he, she, it

**paghúna'** assumption [**húna'**-opinion, judgement]

**periodísta** journalist, newspaper person

**pigbubunó'** slaughtered, butchered [**bunó'**-to butcher, to kill]

**pigmemerindalán** for snack [**merindál**-snack]

**pigpapamaháwan** for breakfast [**pamaháw**-breakfast]

**pigpapamanggihán** for dinner [**pamanggí**-dinner or supper]

**pigpapangudtúhan** for lunch [**pangudtúhan**-lunch]

**pigtitínda(ng)** being sold [**tínda**-to sell, vend]

**priméro(ng)** first

**saindó** yours (plural)

**samúya(ng)** our (exclusive)

**sunód** next [lit: to follow]

**taga-media** from the media

# Selection Forty-Three

## Problema sa Print Media

Sa print media, sa totoo lang, igwa man nin mga osmak. Alagad kun osmak ka, lalo na sa lenguahe, dai mo na ipagkuriyat. Reflection lang iyan kan saimong personalidad.

Kun igwang masukiting sarong publisher nin periodiko nin saro man na publisher, dai ako mangalas. Kun pagkatapos masukiti, magsangatan pa nin kaso, lalong dai ako mangalas. Inda kun dakol an maogma.

## Vocabulary

**akó** I, me
**índa** I don't know
**ipagkuríyat** scatter or drag it out [**kuríyat**-to drag]
**lenguáhe** language
**magsa'ngátan** to file (a lawsuit) [lit: **sa'ngát**-to climb to the top]
**mangalás** to be surprised [**ngalás**]
**masukití(ng)** criticizing [**sukití**-to criticize]
**osmák** shmuck; disgusting
**periódiko** newspaper, periodicals
**personalidád** personality
**saímo(ng)** your (singular)

# Selection Forty-Four

## Trabaho Para sa mga Relatives

Dakol an disgustado diyan sa DPWH ki Director Mario Talatala huli ta an saiyang manga relatives iyo an mina-corner soboot kan manga projects.

"Influence peddling ito!" sabi ni Attorney. Dai ka Sir, baka mapasupog ka sa manga kababayan mong Bikolano.

## Vocabulary

**báka'** might be, perhaps, maybe
**diyán** there
**disgústado** disgusted, disappointed
**kababáyan** fellow countrymen
**mapasúpog** to be in an embarrasing situation [lit: **súpog**-ashamed, bashful, coy]
**mina-corner** to corner
**mo(ng)** your, you (singular)

# Selection Forty-Five

## Garchitorena Landscam

An sabi ni Vic Azaña, pagpuon kan pagdangog kan kaso ninda katakod kan Garchitorena landscam, ibuboyagyag niya daa na an may kag-gibo mga taga Land Bank.

Abangan! Maluwas man giraray an katotohanan.

## Vocabulary

**ibuboyagyag** to reveal
**kag-gíbo** doer, perpetrator [**gíbo-**to accomplish, to achieve]
**maluwás** will come out ahead [**luwás-**to come out]
**pagdangóg** hearing [**dangóg-**to hear]
**pagpu'ón** starts, starting (from) [**pu'ón-**to start, to begin]

# Selection Forty-Six

## Pagbantay nin Kahoy Gibo kan DENR-PC

Nasa kamot kan Department of Environment and Natural Resources (DENR) an mayor na papel sa paglapag kan mga nagtatransportar nin mga kahoy na ilegal na pigpalod sa Bicol National Park.

Ini an piglinaw ni Lt. Col Meynardo Beltran, pamayo kan konstabularia asin polisia sa Camarines Sur sa tahaw kan mga tuyaw na dakol na mga kahoy nakakarulusot sa mga checkpoint na nasa Parke Nasional.

Naging padatulan pa sa pakakalusot kan mga kahoy iyo an kasuguan ni Brig. Federico Ruiz na haklason an mga barikada sa checkpoint sa Maharlika Highway sa laog kan probinsia nin Camarines Sur.

Sinabi ni Beltran, na an mga PC na nakadestino sa Parke Nasional puwede sanang magtabang kun an asistensia kaini hagadon kan mga tauhan kan DENR na iyo an may poder na mag-inspeksion sa mga lunadan na may mga kargang kahoy tanganing madeterminaran kun ini ilegal o bako.

An mayor na trabaho daa kan mga militar iyo an maglapag sa mga rebeldeng nasasakupan, pahayag pa ni Beltran.

Mientrastanto, ipinahayag ni Capt. Arnel de los Santos, commanding officer kan 244th PC Company sa Camarines Sur magbugtak man giraray sinda nin mobile checkpoint kun en kaso makaresibi nin impormasion manunungod sa pagpapalusot nin mga kahoy. Ini apuera kan sarong espesial na grupo na pigbilog kan PC tanganing magpatrolia sa tinampo para sa kaparehong katuyuhan.

## Vocabulary

**asisténsia** assistance
**barikáda** barricade
**en kaso** in case
**gíbo** job or work
**hagádon** will ask [**hágad**-to ask for, to request]
**hakláson** to remove [**haklás** -to detach]
**kárga(ng)** carrying, loaded with [**kárga**-cargo]
**lunádan** vehicle [**lúnad**-to ride]
**madeterminaran** to determine [**determinar**]
**mag-inspeksión** to inspect [**inspeksión**]
**magbugták** to put or set up [**bugták**-to put or place]
**maglápag** to pursue [**lápag**-to chase]
**magpatrolía** to patrol [**patrolía**]
**magtábang** to help or assist [**tábang**]
**makaresibí** will receive [**resibí**]
**manunungod** with regard to
**nasional** national
**nagtatransportár** was transporting [**transportár**]
**nakakarulusót** was sneaked through [**lusót**-to make it through without being caught]
**pada'túlan** excuse [lit: to act like a chopping board]
**pagbantáy** the watching over or guarding of [**bantáy**-to guard]
**paglápag** the apprehending of [**lápag**-to pursue]
**pagpapalusót** sneaking out or smuggling [**lusót**-to make it through without being caught]
**pakakalusót** the smuggling of [**lusót**]
**papél** paper
**párke** park
**pigbílog** formed by [**bílog**-round, circle]
**piglínaw** clarified [**línaw**-clear]
**pigpalód** cut down, logged [**palód**-to cut down trees]
**podér** right, authority
**túyaw** comments, complaints

# Selection Forty-Seven

## Lagonoy INP Station"Pambato"

An Lagonoy Integrated National Police (INP) iyo an saro sa manga pagpipilian kan pinakamarhay na police station sa enterong Kabikolan, iyo ini an nagunong bareta kan *Aniningal* kan sarong aldaw.

Segun sa masasarigan na impormasion, an Lagonoy INP, sa pamamayo ni P/Lt. Reymundo Oliquiano, iyo an naging pambato kan Camarines Sur pagpili kan PC-INP sa Kabikolan kan pinakamarhay asin aktibong INP Command sa manga banwaan kan Bikol.

Basado sa record, sa primerong limang bulan kan taon na ini an Police Station ni Oliquiano naging aktibong marhay sa anti-insurgency campaign kun kaya nakagadan ini nin saro asin nakatiklo pa nin apat na an duwa ngani manga amasona.

Si Oliquiano asin pag-iriba naka-bawi man nin sarong Garand rifle, sarong SB revolver, sarong snubbed-nose na paltik asin saro pang hand grenade kairiba an kadakol na manga subversive documents.

Napag-araman pa man kan babasahon na ini sa 83 na kasong naresibi kan bagong INP station, an 67 solved na asin an 16 nasa imbestigasion pa.

Aktibo man an Lagonoy INP Command sa manga kampanyang pangkatoninongan kairiba na diyan an pagkondukta nin manga pulong-pulong asin seminars para sa manga tawo lalong magtiwala asin mapaharani sa gobierno.

Kan Hunio 10, mismo si Mayor Rellora, kairiba an nagkakapirang pulis Lagonoy an nagdakop kan sarong timber poacher na maydarang kahoy na naka-karga sa sarong six-by-six sa sarong barangay duman. So kahoy kinumpiskar kan grupo asin so maysadiri maatubang sa kaso.

## Vocabulary

**aktíbo** active
**amasóna** rebel women [lit: "amazons"]
**babasahón** paper; what is being read [**bása**-to read]
**kampánya(ng)** campaign
**káso(ng)** case
**kinumpiskár** was confiscated [**konpiskar**-to confiscate]
**magtiwála'** to be confident with, to trust [**tiwála'**-trust]
**mapaharaní** to become closer or to feel more confident with [lit: **haraní**-close]
**masasárigan** reliable [**sárig**]
**maydaráng** (who) was carrying [**dará**-to carry]
**nagunóng** obtained [**gunó'**-to pick fruits]
**naka-báwi'** were able to recover [**báwi'**-to retrieve, take back]
**nakagadán** were able to kill [**gadán**-dead]
**nakatikló'** captured [alt: **tukló'**-to grasp, nab]
**naka-kárga** which were loaded [**kárga**-baggage, cargo, freight]
**napag-aramán** it was known [**áram**-to know, to learn]
**naresibí** were received [**resibí**]
**pagkondúkta** the conducting of [**kondúkta**]
**pagpilí'** the selection of
**paltík** a homemade revolver
**pamamayó** head; chief
**pambáto'** best entry; best bet
**pangkatoninóngan** for peace
**pinakamarhay** the best
**pulong-púlong** discussion; meeting [Tag: pulong]

# Selection Forty-Eight

*•Section 48.1*

## Teamwork Kaipuhan sa Gobierno, Sandigan kan Maogmang Pamilia

Teamwork, iyo ini an mayor na kaipuhan sa anuman na aktibidad nin sarong grupo para sa mahusay asin maogmang resulta. Kung mayong teamwork o kanya-kanya an kada saro, maribok asin dai nagkakairintindihan. Dai nagkakasurondo. Dai nin katoninongan.

Dangogon ta an tugtog kan sarong orchestra. Magaya-gaya asin magayon an musika kung baragay an tanog kan kada instrumento. May teamwork. Sa basketball naman, teamwork an saro sa mayor na dahilan kan marhay na kawat nin sarong team.

Reparohon tang maigo kung tadaw ta an gobierno niato dai nakakatao kan magkakanigong serbisio sa banwaan. Bako daw na an mayor na dahilan kaini iyo ta mayong teamwork sa grupo kan satong manga opisiales sa pagpalakaw kan administrasion? Sidsidon tang pirit.

Sa lado ehekutibo o executive branch kan satong gobierno. Magpuon sa presidente hanggan sa manga miembros kan kabinete, bako daw na baranga? Nag-iiriwal? Nagsisiriwagan nin bata? Nagkukuramosan nin laboy?

## Vocabulary

**anumán** whatever
**barágay** in harmony [**bágay**]
**barangá'** divided, separated, disunited [**banggá'**-to divide in half]
**batá'** something rotten; trash [lit: stinks, foul smelling]
**dangogón** listen [**dangóg**-to hear]
**hanggán** up to, until
**instruménto** instrument
**kabinete** cabinet
**kaipúhan** necessary [**ípo**-to need]
**kanyá-kanyá** each to his own; looking out for oneself
**katuninóngan** peace [**tunínong**-calm]
**káwat** game; play
**kung** if [Tag]
**labóy** mud
**magayá-gáya** soothing, pleasant
**magayón** beautiful [**gayón**-beauty]
**magpu'ón** starting from [**pu'ón**-start]
**mahúsay** good [**húsay**-neat, tidy]
**maigó'** carefully [lit: **nigó'**-appropriate, proper]
**maribók** trouble [lit: **ribók**-noise, commotion]
**músika** music
**nag-iiríwal** fighting one another [**íwal**-quarrel]
**nagkakairintindíhan** understanding [**intindí**]
**nagkakasurondó'** united [lit: **sundó'**-to reach to an agreement]
**nagkukura'mósan** smearing (negative criticism) [lit: **kurá'mos**-to wash or wipe the face]
**nagsisiri'wágan** opposing (one another) [lit: **sí'wag**-to splash water using the hands]
**nakakata'ó** can give [**ta'ó**-to give]
**niató'** our (inclusive)
**pagpalakáw** management or operation [**lakáw**-to walk]
**pírit** carefully [lit: to force, compel; to persuade forcefully]**reparóhon** analyze [alt: **ripáro**-observe, to watch over]
**sandígan** foundation [lit: something to lean on]
**sató(ng)** our (inclusive)
**sidsidón** scrutinize [lit: to feel for something in water or sand, using the feet]
**ta'dáw** why [alt: **nata'daw**]
**tanóg** sound, tone
**tugtóg** music

## •Section 48.2

Si Pres. Aquino kontra ki Bise Pres. Doy Laurel. Si Concepcion, si Ramos, si Bengson, si Macaraeg, si Jayme, si Chavez, manga miembros kan kabinete, gabos nagsasaralpokan. An Senado asin Kongreso, dai man nagkakaoruyon. Sa kampanya kontra sa CPP/NPA, paninindogan manonongod sa base militar kan U.S. sagkod sa pagbabayad kan utang sa ibang nasion, an gobierno dai nagkakasararo.

Kaya naman an mamundong resulta? Pagtios kan manga Filipino. Problema sa pas y orden. Problema sa drug addiction. Problema sa tubig, koriente, krudo asin iba pa. Ah...litania nin manga inagrangay kan banwaan. Dahil ta mayong teamwork. Mayong kooperasion. Siriblag.

Sa pagpatindog nin sarong pusog asin maogmang pamilya, teamwork man an kaipuhan. Commitment kan kada saro sa pamilia na maging sararo asin maogma an pag-iriba sa harong.

Kun kaya dahil sa kahalagahan kan pamilia sa matoninong asin progresibong sosiedad, an Mahal na Dios na mismo nagtao nin pagboot para sa mahusay na teamwork kan manga miembro sa pamilia. Yaon iyan nakatala sa Banal na Kasuratan†, an masasarigan na Tataramon nin Diyos para sa karahayan kan tawo na gustong magsunod.

## Vocabulary

**banál** holy
**báse** base
**kooperasíon** cooperation
**gustó(ng)** like, want
**inagrángay** suffering [lit: **agrángay**-cry, plead]
**kasurátan** written document [**súrat**-write]
**koriénte** power; electricity
**litanía** litany
**magsunód** will follow [**sunód**-to follow]
**mamundó(ng)** sad [**mundó'**-sad, lonely]
**nagkakaorúyon** in harmony [lit: **úyon**-agree]
**nagsasaralpókan** clashing, colliding [**salpók**-to collide with]
**nakatalá'** was written [**talá'**-to write]
**pagbabáyad** payment [**báyad**-fee]
**pagbo'ót** commanded, ordered [**bu'ót**]
**pagtí'os** hardship, suffering [**tí'os**]
**paninindógan** stand, principles [**tindóg**-to stand]
**pás** peace
**progresíbo(ng)** progressive
**sararó'** united [**saró'**-one]
**siriblág** divided [lit: **siblág**-to part or separate from, to depart]
**sosiedád** society

† **Banal na Kasuratan** refers to the Holy Bible.

# Selection Forty-Nine

*•Section 49.1*

## Ka Bernard Impostor-NPA/CS Militar Nagrekomendar Kasuhan an mga Suspetsado

Ipinahayag kan New People's Army sa Camarines Sur na si Bino Dacer, alias Ka Bernard, sarong impostor asin ginagamit lang daa kan militar sa propaganda tanganing ratakan an pangaran kan mobimiento asin kan opisiales asin empleados kan gobierno pati na an mga negosiante.

Mientrastanto, an konstabularia nagrekomendar na sangatan nin magkakanigong kaso an mga tauhan kan gobierno, negosiante asin iba pang persona na pigngaranan ni Ka Bernard bilang suportadores kan NPA sa probinsia.

Sa surat na ipinadara sa *Balalong* kan Romulo Jallores Command (RJC-NPA), sinabi kaini na si Dacer nungka naging miembro kan NPA apesar kan pagprobar kaining mag-uyon alagad pigsayumahan huli daa kan "halangkaw na pamantayan" sa rebolusyonariong grupo.

Si Dacer nagsagin-sagin sana daang miembro kan NPA tanganing makakolekta nin pinansial asin materyal na suporta hali sa mga darakulang tawo sa probinsia tanganing gamiton sa saiyang personal na interes.

Sinabi kan RJC-NPA na ginamit lang daang tuntungan ni Dacer an mga pangaran kan mga politiko asin militar tanganing magkaigwa man ini nin pangaran.

Manunungod sa pagpasinabi kan RJC-NPA na ini midbid si Dacer bilang sarong kumander kan NPA, sinabi pa kan RJC-NPA na ini sarong kaputikan mantang dakol daang proseso an inaagihan kan sarong miembro antes na ini maging pamayo kan sarong grupo sa NPA.

An paggamit daa kan militar ki Dacer naging dahilan lugod tanganing maparayo an boot kan mga namamanwaan sa militar partikularmente itong ipinagsabit kan nagsukong NPA na soboot suportadores sa rebeldeng komunista.

## Vocabulary

**bo'ót** feelings [alt: **bu'ót**]
**darakúlang** influential, well-known [lit: **dakúla'**-big, large]
**ginagámit** being used [**gámit**-to use]
**halangkáw** high [**langkáw**-tall]
**impostór** impostor
**inaagíhan** undergo [lit: **ági**-pass]
**ipinagsa'bít** mentioned [lit:**sa'bít**-to hang]
**ipinadará** was sent [**dará**-to take; send]
**komunísta** communist
**kainí(ng)** this, these
**kasuhan** to file a case or charges
**kumandér** commander
**mag-úyon** to agree [**úyon**-to agree]
**makakolekta** to be able to collect
**maparayó'** to lose confidence [lit: **rayó'**-far, distant]
**materyál** material
**nagrekomendár** recommended
**midbíd** known, acquainted, familiar with
**nagsagín-ságin** pretend to be somebody
**nagsúko(ng)** surrendered [**súko'**-to surrender]
**nungká** never
**pagpasinábi** statement [**sábi**-to say]
**pagprobár** proven intention [**probár**-prove]
**pamantayan** principle
**pigngaránan** identified [**ngáran**-name]
**pigsayumáhan** denied [**sayúma**-to refuse]
**proséso** steps or process
**ratákan** to ruin [**rátak**-to waste or squander]
**rebolusyonário(ng)** revolutionary
**sa'ngatán** to file
**súrat** letter; mail
**tuntúngan** used as a stepping stone [lit: **tuntúngan**-steps]

### •Section 49.2

An pahayag kan NPA nagluwas sa tahaw kan nag-iinit na isyu sa pagboyagyag ni Dacer sa nagkakapirang alkalde, negosiante, empleados asin miembros kan media bilang mga suportador soboot kan rebeldeng grupo.

Si Dacer na naghihingako bilang dating pamayo kan finance committee kan NPA sa Camarines Sur nagsuko kan nagtalikod na bulan ki Lt. Col. Edilberto Pancifane, pamayo kan 2nd Infantry Batallion na may kampo sa Goa, Camarines Sur.

Sa affidavit na pigpirmahan ni Dacer na ipigpasa man ki Senador Ernesto Maceda, sinabi kaini na an NPA sa Camarines Sur nakakaguno nin ingresong dai mababa sa P1.3 milyones kada bulan bilang sa koleksion hali sa mga politiko, multi-nasional na korporasion asin mga pribadong negosiante.

An listahan ni Dacer tolos man na ipigboyagyag ni Senador Ernesto Maceda sa saiyang privilege speech sa Senado.

An pagboyagyag na iyan ni Maceda sa publiko iyo man an naging dahilan tanganing an mga alkalde sa Camarines Sur magkasararo sa pagpahayag na an mga ini mademiter sa pagiging pamayo kan Municipal Peace and Order Council (MPOC) sa saindang munisipio.

An konstabularia sa pamamayo ni Brig.Gen. Cesar Nazareno nagrekomendar na sangatan na nin magkakanigong kaso an mga nginaranan na suportador kan NPA sa Camarines Sur.
Kabali sa pigngaranan ni Dacer bilang nagtatao nin suporta pinansial asin materyal sa grupo na dati niyang kinababalehan iyo sinda Alkalde Jose Villanueva asin mga kagawad sa Siudad nin Iriga; Narciso Doctolero, Jr.-Bato; Candido Montenegro-Balatan; Alfredo Rellora-Lagonoy; Jose Reyes-Tinambac; Florencio Celino-Ocampo; Teodoro Delanco-Libmanan; Romeo Reyes-Pasacao; asin dating Alkalde Benjamin Canet kan Bula.

## Vocabulary

**dáti** former

**ipigboyagyág** made public; exposed [**boyagyág**]

**ipigpása** given to [lit: **pása**-to pass or hand it down]

**kabáli** included, associated with

**kámpo** camp

**kinababaléhan:** affililiated with

**korporasión** corporation

**mababá'** less than [**babá'**-short in height]

**mademitír** will resign [**demitír**-to resign]

**magkasararó'** to be united [**saró**-one]

**multi-nasionál** multi-national

**nag-iínit** controversial [**ínit**-heat]

**naghihingáko'** confessed [**áko'**-admit]

**nagluwás** came out [**luwás**-to exit, to go out].

**nakakagúno'** can collect or accumulate

**nginaránan** named, identified, mentioned [**ngáran**-name, title]

**pagboyagyág** declaration, announcement [**boyagyág**]

pagigíng was becoming

**pagpaháyag** announcing [**háyag**-to inform]

**pigpirmahán** signed [**pírma**-to sign]

**pribádo(ng)** private

# Part Two

# Translations

## Selection One

### Marijuana

In an all-out operation during the past month, almost 500 grams of marijuana were confiscated by the agents of Narcotics Command of Iriga City from the suspected pushers and users of illegal drugs.

## Selection Two

### Eatery in Naga City

The Daybreak Crisailer, one of the famous eateries in Naga City, will open the "Eatery in Naga" starting on June 15.

This is the happy announcement by the owner of the eatery, Mrs. Ding Echalas.

## Selection Three

### Projects in Ocampo Town

Ocampo, Camarines Sur—Mayor Rolando Go Belaos declared the municipal projects for the year 1986.

Belaos said that the P2 million irrigation system in the district of Garchitorena, the waterworks in Villaflorida and one Barangay Health Center in Barangay Poblacion will be finished in February.

The total general budget of Ocampo will get up to about P500,000 while the infrastracture funds will reach P250,000.

Included in the administration's completed projects were the renovation of the municipal building with a budget of P300,000, the establishment of the P300,000 market, the construction of P2.4 million water system, the development of both sides of the road, which cost P800,000, and many other projects.

According to Vice-Mayor Manuel Ibatan, the minimum fee that will be charged for each family will be P10 for the use of public faucets and P20 a month for every household.

## Selection Four

### Philippine Army Engineering Batallion

The existence of the Engineering Batallion of the Philippine Army (PA) is really of great importance. They have constructed many school buildings.

They do not charge ten percent, and if there are any savings, they even return it. Very much different from the projects of DPWH and greedy contractors.

Long live the Engineering Batallion of the PA!

## Selection Five

### New Radio Program

News from *Balalong* newspaper will be featured in the new radio program on DWRN station in Naga City.

Dateline Bicol, a news program, will be heard from 8:00 until 8:30 in the evening from Monday through Saturday.

The anchorman of the program will be Mar O. Joson. Among those who are going to bring information will be selected newscasters from Bicol.

## Selection Six

### Radio Station Hookups

There are radio stations that were hooked up with DWRB. They don't even give credit for that.

Good that they still ask permission!

May we remind you to visit your radio station. It's there at the Civic Center. Whenever you would like to come, the door is always open.

Don't just visit but also try to listen.

## Selection Seven

### Salary of Government Employees

The salaries of government employees are very high, in accordance with the Standardization Law regarding compensations. In Tabaco, the mayor's salary is P10,436.00 with an additional P1,802.00 as a monthly representation and travelling allowance (RATA). For the Vice-Mayor, P8.539.00 and P1,601.00 (RATA), the Municipal Councilors (Kagawad), P7,601 plus P1, 604.00 (RATA) every month. I wonder if the services given to their constituents are consistent with their salaries?

## Selection Eight

### Salary of Judge Rhodie Nidea

It is assumed that the salary of RTC Judge Rhodie Nidea is almost up to P21,000.00, including allowances every month. It could possibly be true because when he was the Municipal Judge of Pasacao, he used to drink "stainless", but when he was assigned to Tabaco as RTC Judge, beer became his thing, and now I have seen him and my publisher drinking Fundador. Sign of Progress!

## Selection Nine

*•Section 9.1*

### Mayor Rellora: Maceda's Exposé is "All Lies"

Lagonoy, Camarines Sur—Mayor Alfredo "Nongnong" Rellora strongly denied the accusations of Senator Ernesto Maceda that he was supporting the CPP/NPA in his speech during the simple but meaningful celebration of the 92nd National Independence Day Anniversary here on Tuesday morning.

Rellora said before his constituents that the speech delivered by Maceda in the Senate last month mentioning his name as among those who were allegedly supporting the rebels in the Bicol area was a big lie and degrading to his honor and prestige as a civil servant of his town.

According to the mayor, all the people of Lagonoy know his strong stand against the rebels and how many times he denounced in public the illegal activities of CPP/NPA members, especially the collection by this group of the so-called "progressive taxation".

*•Section 9.2*

The mayor said that because of his relentless campaign to stop the illegal activities of the so-called "extortionists" in the hinterland, he is included in the list of those who are subject to liquidation by this group.

It was further explained by the mayor that there were many occasions when he himself was with the police during raiding operations against suspected hideouts of the NPA group in his town.

The mayor also denounced the importance given by Maceda and by the military to the declarations of Bino Dacer, alias "Ka Bernard".
Allegedly without even proper verification of the truthfulness of the statement of the surrenderee, they accepted it as a truth.

The mayor added that the military tend to have more confidence in Dacer than the town mayors who help each other and risk their lives for the sake of democracy in the nation.

## Selection Ten

### Exposé of Mayors

The mayors were hurt by the exposé of Senator Maceda. They are said to be supporting the NPA. Now they all want to relinquish their posts as chairmen of their Peace and Order Councils.

And so,what do you think about that?†

I do understand how the mayors feel. They have my sympathy. However, it is a poor excuse to turn their backs on their constituents.

Please don't, friend.

† lit: Is that all right with you?

## Selection Eleven

### Five Houses Burned

Goa, Camarines Sur—Five houses were burned down in a fire that occurred behind the public market here late on the night of December 31.

According to witnesses, the fire originated in one of the shanties owned by a smoked fish maker.

According to the report, the fire lasted for an hour into the first of January because, reportedly, the fire department vehicle assigned to this place was not working during the fire.

The reason, they said, was insufficient diesel fuel for the vehicle.

The fire was stopped before it spread when the fire department vehicles arrived (coming) from Iriga and Pili, Camarines Sur.

Results of the police investigation have not been released yet on (how much is the cost of) property damage even though there are no reported deaths or injuries from the said fire.

## Selection Twelve

NIA Projects Disrupted

Ligao, Albay—Like the defective canals of the National Irrigation Administration (NIA) in Camarines Sur, these disruptions are also occurring in Albay.

Poor construction of water canals, which causes damage to the crops, is one example of this.

Councilman Jorge Sanchez complained that his farm in Barangay Barayong was damaged when one of the NIA canals burst open.

The question of why the newly constructed water canal burst so easily is still a mystery to all who witnessed it.

The complaint was brought to NIA management.

## Selection Thirteen

Good Management of Electric Cooperative

There are many who noticed the good management of CASURECO District IV General Manager, Ato Peña, in the Cooperative. Brown-outs are rare, the collection is good, system loss is low, and allegedly there is even an advance payment to NPC (National Power Corporation).

This should not be surprising for a peacemaker like Ato. Aside from his concerted effort to have a strong and happy family, the peacemakers are also working for a peaceful and happy relationship of management with the subordinates, like the relationship of an individual manager with his employees. In this way, everybody is relaxed in his work and cooperating for the benefit of the Cooperative and its members.

Long live GM!

## Selection Fourteen

### Albay Wins vs NPC

The Provincial Officials of Albay, headed by Gov. Romy Salalima, extend their gratitude to the Supreme Court because of its favorable decision regarding the tax claim of the province against the National Power Corporation (NPC).

The opinion of the 14 judges of the Supreme Court, headed by Chief Justice Marcelo B. Fernan, was unanimous. That is why, for me, even if NAPOCOR files a motion for reconsideraton, it would be useless because of the unanimous decision of the judges.

The Governor also wants to express his gratitude to his companions on the Provincial Council, to Provincial Treasurer Abundio Nuñez, Atty. Romulo Ricafort and Atty. Jesus R. Cornego for their favorable support to the Province of Albay.

## Selection Fifteen

### Ziga - Lagman Debate

The people of Tabaco are waiting for the Ziga-Lagman debate on the P12 million rehabilitation fund release for the construction of the Tabaco public market. Congressman Lagman invited Senator Ziga to have a debate on this issue, but there has been no answer yet by the Senator. Isn't that too long? It should have been at the same time.

In my opinion the debate should take place because whoever wins this debate could be a big factor for Congressman Lagman or Senator Ziga in the 1992 national election.

## Selection Sixteen

*•Section 16.1*

### Two Killed in Violence

Daet, Camarines Norte—Two died and four were injured in separate violent incidents that occurred in different parts of this province last week.

One PC soldier was shot in the face and shoulder in one of the encounters between PC and persons believed to be the members of NPA in Barangay Pambuhan, Mercedes. Sgt. Jaime Nael of 242nd PC was hit by a stray bullet (coming) from the NPA's during the 20 minute encounter at sea.

Two persons also suffered stab wounds from a person believed to be a "thrill killer" while these people were attending a public dance in Barangay Dangkalan, Paracale. The victims were Adelio Sarmiento, 25 years old, of Barangay Dangkalan and Jacinto Maligat, 28 years old, of Barangay Mapungo of the same town.

*•Section 16.2*

In the town of Daet, a nine year old girl was found dead floating in the river after an unsuccessful one-day search by her parents.

In Paracale, one fisherman was drowned in Sitio Pulang Bato, Barangay Bakal. The victim was immediately taken to Camarines Norte Provincial Hospital and was in stable condition.

In Labo, a woman was injured by a grenade explosion not intended for her. The victim was identified as Delia Villagracia y Altamina, 27, single and a resident of Barangay Calabasa. A suspect, whose name has not been revealed, is reported to have thrown a grenade at his uncle. The grenade hit a tree close to the house of the victim.

## Selection Seventeen

*•Section 17.1*

### Pulido Released PC Accomplishments

Seven members of the New People's Army were killed, eleven were arrested and 139 regular members and sympathizers of the same group surrendered to the constabulary from January through March of this year.

In the quarterly report released by Col. Rufo Pulido, head of the constabulary and police in Camarines Sur, he said that twenty different types of firearms were confiscated from (the hands of) the rebels and not even one of the members of the military was killed or injured in the ten encounters with the rebels that occurred during the said period.

Also included in the report were the great strides taken by the constabulary and police in their campaign against illegal gambling through their strict implementation of special laws.

*•Section 17.2*

Elements of the PC in 244, 241, 247 and 243rd PC Companies arrested 97 persons involved in illegal gambling operation of hueteng† and confiscated (an amount of) about P8,023.75 from illegal gambling operations.

The PC's campaign against hueteng is scarcely visible in Rinconada and, at the same time, the collection and raffle operation of this illegal gambling is becoming quite open in Baao, Camarines Sur.

The raffle operation which is being done three times every day is being held at Barangay Del Rosario, at a distance of several meters from the police department. The collection of this hueteng operation covered several municipalities in Rinconada and in the city of Iriga. The hueteng operation in Baao was first raided by the NPA, and thus the operation was forced to transfer to the town proper.

Aside from hueteng, illegal cockfighting is being held as one of the illegal gambling operations in about 30% of the barangays in Rinconada.

In the past three months, the PC Provincial Command caught seven persons involved in illegal cutting of trees and confiscated the logs they cut down.

† **"Hueteng"** is a Chinese gambling game in which the bettors bet their money on two pairs of numbers drawn in a lottery.

# Selection Eighteen

## Prisoner Escapes, but is Captured

Virac, Catanduanes—One prisoner facing charges for murder escaped, but again fell into the hands of the authorities after a thorough search.

The convict was identified as Leopoldo Solmiano y Aquino, accused of the crime of murder in Regional Trial Court of Tanauan, Batangas.

Allegedly Solmiano escaped from (the police) jail here while the guard was having his breakfast.

But the suspect was caught again by the police headed by P/Lt. Francisco Sorra, in the residence of a person named Otordo in Barangay Cavinitan here.

They say that Solmiano refused to surrender to the arresting officer and so they were forced to drag him; this resulted in bruises on the suspect's face.

In addition to the case filed against Solmiano in Batangas, he still has some charges pending for offenses committed in Metro Manila. Solmiano is scheduled to be taken to Batangas to face the charges filed against him.

## Selection Nineteen

### Suspected of Killing Uncle

Pandan, Catanduanes—A farmer who had a hidden grudge against his uncle ran amuck, and this resulted in the death of his uncle and injury to his (uncle's) wife and six year old child.

Dead as a result of blows from a bolo knife on different parts of his body was Antonio Capistrano y Eugenio, 41, resident of Barangay Tariwara, while his wife Nimfa, 39, and their six year old child Nelson also suffered severe wounds.

The suspect was identified by the authorities as Felipe Cristobal y Capistrano, 28 years old, a farmer and nephew of the victim.

According to the report, Cristobal and Capistrano were on a drinking spree in the house of the victim when the two got into a heated discussion. It was said that the suspect had confessed all his feelings towards the victim because of the abuses by his uncle earlier.

In the middle of a heated argument, the suspect suddenly pulled out his machete and hacked his uncle on the arms.

The suspect also set the victim's house on fire while the victim's body was still inside but [the body] was recovered by the neighbors later.

Cristobal was arrested by the authorities and is scheduled to face criminal charges.

## Selection Twenty

### BIR Warning Against Impostor Examiners

The Bureau of Internal Revenue (BIR) warned the businessmen of Naga City and Camarines Sur to be aware of fake BIR examiners possibly operating in the province over the next few days.

The warning was released by Andres Tabo, head of BIR District 45, after a report came out about these fake BIR examiners victimizing several businessman in the city of Legazpi and its neighboring municipalities.

In an interview conducted yesterday, Tabo said that BIR has not started examining the records of the businessmen to determine their incomes for the year 1988. Because of this, BIR has no reason to go around and examine the books of these businessmen (at this time).

Tabo declared that of the 15 [legal] examiners, only one is not a Bikolano, and businessmen can easily determine if the person approaching them is a real or fake BIR agent. These BIR impostors are said to be operating in Legazpi City and to speak Tagalog.

These impostor BIR examiners usually appear during the time that the said office is conducting the examination of businessmen's incomes, and their purpose is to ask for bribes particularly from those businessmen who are "ashamed" to disclose their true incomes for a certain period.

## Selection Twenty-One

### NPA-BIR, Both Collecting (Taxes)

The collection of the NPA in Camarines Sur every month is P1.3 million according to Bino Dacer, alias Ka Bernard. Now how much is the collection of the BIR and other agencies of the government?

## Selection Twenty-Two

### Girl Found Dead is Buried

Daet, Camarines Norte—A little girl about nine years old was buried yesterday after her body was found floating in the Daet River in Barangay Mantagbac last Sunday morning (May 26). The child's name was Margarita Burial y Aquino of the same town.

According to the statement of her father, Pacifico Burial, a locksmith, Margarita had been missing since Saturday. His wife Engracia searched for her the entire day on Saturday, but they could not find Margarita until they were informed the next day by a resident of the barangay that the child was seen floating in the river.

The child has a mark on her face, which could possibly have been caused by diving or hitting a hard object.

There was no sign of drowning because Margarita's stomach did not have water in it.

Pacifico requested the authorities to summon and question those with Margarita the last time she was seen alive or her playmates at the time they were swimming in the river.

## Selection Twenty-Three

### Barangay Officials had a Seminar

Balatan, Camarines Sur—A seminar for barangay officials was conducted here with the purpose of obtaining additional knowledge of how officials can run their respective barangays.

The three-day seminar, which lasted from Wednesday until Friday of last week, was sponsored by the local office of the Department of Local Government, which is headed by Mrs. Teresita Abaño, in cooperation with the local government headed by Mayor Candido E. Montenegro.

The speakers for the said Barangay Administration Training and Seminar were Mrs. Zenaida B. Delingon of Local Municipal Trial Court; Mrs. Lourdes Mila Graza, PSDS, Balatan District; Pete Bustilla, City Government Operations Officer of Iriga City; Mrs. Laura S. Quiñones, MGOO, Sangay; Judge Salvador Occiano of MTC; Municipal Treasurer Zenaida Montenegro; Municipal Planning and Development Coordinator, Amadeo Cardeño; and Blandino Maceda, City Government Operation Officer in Naga City.

This occasion was the first exercise conducted by the new barangay officers to acquire additional knowledge for efficient operation of the smallest political branch of the government.

## Selection Twenty-Four

### Two Barangays in Iriga have Their Own Hueteng (Operation)

Iriga City—The illegal gambling operation in this place became even stronger after one of the capitalists opened an operation in Barangay Sto. Domingo. The result: Two capitalists are now both operating and competing against one another in betting which has resulted in a stabbing of an aide to a city official.

The raffle of hueteng in Barangay Sto. Domingo started three days after the visit of Brigadier General Taduran here. Nobody can confirm whether Taduran's visit to Iriga City was to support the resolution [being passed] by the [City] Council calling for a halt to illegal gambling here.

The Hueteng operation based in Barangay Sto. Domingo was formerly conducted in Barangay San Juan, but was taken to Nabua, and then was brought back to the city of Iriga.

Another barangay where a raffle operation is being held is Barangay Nicolas, in which the 247th PC Company is located.

## Selection Twenty-Five

### Gen. Filart Orders a Stop to Illegal Gambling

Brig. Gen. Marino Filart, head of Constabulary and Police in Bikol, released an order to all provincial and station commanders to stop all illegal gambling in their respective areas.

Filart released the order after he and Governor Romeo Salalima were accused by Senator Ernesto Maceda in connection with illegal gambling operations, particularly in the province of Albay.

As a result of this, successive arrests were made by the united forces of the PC and the Army in the municipalities of Ligao and Daraga, in the province of Albay.

But the order of the regional commander turned out to be ignored by some members of the military, as there are still continuing hueteng operations in several municipalities of Albay and Camarines Sur.

According to reports gathered by *Balalong*, hueteng in Polangui and Libon, Albay is still in continous operation while a couple of municipalities in the fourth district of Camarines Sur became the betting center.

In Camarines Sur it was reported that hueteng is still in continous operation, especially in Bula, Pili, Libmanan and Sipocot.

Last Wednesday (Sept. 6) one Felicisima Tampocaw was arrested by the members of Mayor's Squad of Naga City while collecting bets for hueteng. Tampocaw confessed that she took the bets for the operation in Bula.

## Selection Twenty-Six

### People's Center Started

San Jose, Camarines Sur—The Phase 1 construction of the P1.9 million People's Center started in this municipality a week ago.

According to Mayor Ciriaco Z. San Jose, the amount of P950,000 was released from the discretionary funds of Congressman Eddie P. Pilapil for the construction of the building within the social court† here.

The mayor explained that the proposed building will give shade to the entire yard of the municipal building, which is expected to make the surrounding area even more beautiful. San Jose also said that Phase 1 will be finished within three months and the Phase 2, which has a funding of P950,000, is expected to be completed before the new year. According to the mayor, the People's Center will also serve as a convention or seminar hall, sports arena, dancing hall and for other social functions. The mayor added that the project is expected to enhance the development of San Jose because it will encourage especially those groups who want to conduct seminars and conventions here.

It was also known through Mayor San Jose that the construction of the P4.4 million Hall of Justice building is already completed and will be inaugurated soon.

Not so long ago, the renovation and putting up of the ceiling of the re-modelled San Jose Municipal Building and its beautification were completed before the March 19 town fiesta.

† Town plaza or park usually located in the central part of the town and used for social gatherings, public dancing, sports or a meeting place for other activites; usually bordered by the municipal hall, school, church and public market.

## Selection Twenty-Seven

*•Section 27.1*

### Slaughterhouse Opening:
### Naga Facing a Big Loss because of Insufficient Study

The Naga City slaughterhouse is scheduled to start its operation on Tuesday (August 1), but simultaneously the city will be facing a loss because of insufficient funds as a result of deficit spending on the project. According to Gabriel H. Bordado, secretary to Jess Robredo, the possibility that the city would wind up facing a loss of more than P7 million in the next 15 years is the result of insufficient study by the past administration before it obtained the loan for this controversial project.

The slaughterhouse was constructed by means of a P6.5 million loan from World Bank through the Program for Essential Municipal Infrastructures, Utilities, Maintenance and Engineering Development, or PREMIUMED, during the administration of former Mayor Carlos de Castillo.

According to Bordado, actually the city has already paid P70,000 which represents only a percentage of the loan for the past month. The city has only P10,000 expected income every month from the slaughterhouse operation. This means that the city will be short P60,000 every month, or P3,600,000 in five years, just for paying the interest on the loan.

*•Section 27.2*

In 1994, the city will start to pay on the principal in the amount of P140,000 and interest of P70,000 or a total P210,000 every month. It will mean an additional burden on the city treasury to maintain one project, without profit, so far as the financing is concerned, declared the mayor's secretary.

Bordado stated that Mayor Robredo was forced to use the slaughterhouse because of his desire to have a good, clean type of meat for the city consumers and the neighboring municipalities in spite of the big loss that the local government is going to suffer for the maintenance of the slaughterhouse.

Aside from this, he declared that the city has no other choice but to use the slaughterhouse. As part of the contract between the World Bank and the past administration, it was clearly stated that the local government will pay a percentage plus the capital owed to the World Bank at the scheduled time, whether the slaughterhouse is operating or not.

"It is so disgusting to think of the millions which will be lost by the city, [money] which could be used for infrastructure projects and other services that would have been beneficial to the public," added Bordado.

## Selection Twenty-Eight

### Former NPA Returned to the Government

Ocampo, Camarines Sur—Hundreds of residents from this barangay who had been under the influence of the New People's Army took an oath to support the government headed by President Corazon C. Aquino, including their renouncement of the communist ideology.

The oath taking was held last Monday (July 31), headed by Mayor Florencio Celino and Vice-Mayor Roberto Andayog and attended by Brig. Gen. Javier D. Carbonnel, commander of the 2nd Infantry Division; Brig. Gen. Romulo F. Yap of the 201st Brigade and Lt. Col. Edilberto Pancifane, batallion commander of the 2nd Infantry Batallion of the Philippine Army.

In this ceremony, Yap accepted the return to the banner of the present government of some 4,761 personnel who were members of the NDF party, town militia and supporters of NPA.

On the same occasion, Herman Lupio, alias Ka Julio, former chief of the Larangang Guerilla Unit operating in the area, criticized the non-stop fighting among officials of the movement and the (carrying out of the) liquidation of suspected deep penetration agents used as spies by the military in different branches of NPA.

The return to government allegiance by this number of active members and supporters of NPA was a result of the work of the Special Operation Team (SOT) of 2nd Infantry Batallion headed by Pancifane.

According to Pancifane's report to Carbonnel, six barangays in Albay and 42 in Camarines Sur were taken back by the SOT of the 2nd Infantry Batallion from the hands of the NPA during the past six months of this year. These barangays were from the municipalities of Polangui and Libon in Albay and Baao, Buhi, Bato, Ocampo and Iriga City here in Camarines Sur.

## Selection Twenty-Nine

### Car of Villafuerte Involved in Hit and Run

A car with plate number LAX 624, owned by Gov. Luis Villafuerte, hit the jeep of Fr. Jose Cortez, parish priest of Ocampo, Camarines Sur. The driver of the vehicle fled after the accident.

This incident was confirmed by Pablo Echano, supervising officer of Land Transportation Office (LTO) of the city of Naga, after the plate of the said vehicle involved with the traffic accident was shown to him.

According to the Pili police record, Fr. Cortez and two other companions were on their way home to Ocampo, coming from Naga, when the jeep in which they were riding, with plate number EAB 408, was hit at around 12:15 in the afternoon of March 9 on the Pili National Highway.

Instead of stopping, the car involved in the accident and driven by an unidentified person fled and did not surrender to the authorities. Even though the priest was in pain, still he was able to identify the vehicle which hit them and remember its plate. Fr. Cortez and his two companion suffered bruises on different parts of their bodies as a result of the accident. The car they were riding in was damaged, too.

According to Echano, the car involved was formerly owned by Col. Andres Superable and had been sold to Governor Villafuerte.

At the time this news was written, there was no confirmation of who was driving the car. Meanwhile, the said vehicle has not been seen specifically by the authorities looking for it.

## Selection Thirty

### PAGASA Warns Eclipse Watchers

Camaligan, Camarines Sur—Engr. Virgilio B. Fuentebella, head of the Bicol River Basin Flood Forecasting and Warning System of PAGASA, warned those who are going to watch the eclipse today not to use ordinary sunglasses or their eyes will be injured.

Fuentebella said that even the famous scientist Galileo became blind in his right eye because of using a one-inch telescope to observe the eclipse.

The chief of PAGASA told eclipse watchers to use goggles or welding glasses, or the so-called smoked transparent glasses, and then to look directly at the sun.

He further declared that the Bikol area will see and experience a solar eclipse today quite unlike what is going to be seen by those who are in Mindanao.

In Bikol, about 70 to 80% of the sun will be covered by the moon, so only 20 to 25% will not be covered. The eclipse will last from 8:00 till 10:30 am.

Meanwhile, the PAGASA, Camaligan branch, will celebrate its World Meteorological Day (WMD) on Wednesday (March 23).

This occasion will have a so-called open house and lecture forum starting from 2:00 in the afternoon. The significance of their work and the role of the media in serving the public will be explained to the members.

## Selection Thirty-One

### Trawlers Seized in San Miguel Bay

Calabanga, Camarines Sur—In spite of an existing agreement and fishing boundaries for trawlers and for small fishermen in San Miguel Bay, it is obvious that there are still continous violations of the agreement and of municipal ordinances.

This issue surfaced after the Task Force San Miguel Bay, headed by Pat. Raul Romero, caught 28 crew members of seven baby trawlers on Wednesday night (June 6).

According to Chief of Police Pat.Capt. Ernesto Indian, the majority of those apprehended by the task force—composed of three policemen and one representative from the treasurer's office of the municipality—were residents of Calabanga and others were from Tinambac.

However, the police have not yet announced the names of the culprits and the owners of the seven trawlers, although cases are being prepared against the suspects because of the alleged violation of municipal ordinance 98-99.

It must be remembered that last month there were some disputes between trawler owners and small fishermen in San Miguel Bay which resulted in the incarceration of 17 fishermen who were trawling.

The problem was temporarily solved when Governor Luis R. Villafuerte came into the picture and filed a bail bond for the fishermen who were members of the COF-SMB and initiated negotiations on setting of boundaries in the open sea where trawler operators and small fisherman can fish only in specified areas of operation.

## Selection Thirty-Two

### Doña Aurora Visited Here

Camaligan, Camarines Sur—Doña Aurora, the mother of the late Senator Ninoy Aquino, husband of President Corazon Aquino, made a surprise visit to the municipality on the morning of July 11.

Mayor Prado said that Doña Aurora was the leader of a group of delegations from Manila that gave a seminar to public school teachers at Camaligan Central School on Christian maturity.

Doña Aurora's colleagues in the delegation assisted her in teaching about Christian maturity. A majority of the teachers attended the seminar. In addition to Doña Aurora's instructors, Msgr. Leonardo Legaspi of the Archdiocese of Caceres also gave a lecture on the same subject in the afternoon.

Meanwhile, Mayor Prado declared that, according to his brother Pete Nicomedes Prado, General Manager (GM) of Philippine National Railways, President Aquino has agreed to visit Camaligan for the inauguration of the Camaligan fishing port which could possibly take place in the month of September or, if not, in November of this year.

According to the mayor of Camaligan, it is almost certain that this project will be finished; meanwhile, a target date was already set for the inauguration where the chief executive is expected to be the guest of honor.

Before this, in Sual, Pangasinan the same sort of project was finished and the major visitor was President Aquino herself. GM Prado is the director of fishing port projects for the whole country.

As you recall, the politicians of Camarines Sur during previous years made an issue of where and in what towns such projects should be placed. This has caused a delay in the implementation of the project that was supposed to be finished by now.

## Selection Thirty-Three

*•Section 33.1*

### Digging of Sand Along Riverbank Denounced

Pili, Camarines Sur—Residents of this place complained about the reported non-stop digging of gravel and sand on the river banks in Barangay San Jose. The affected residents of that place reported to *Aniningal* about the continuous digging and hauling of construction materials that almost depleted some eight hectares of land in a half-kilometer stretch of land on both sides of the river. The digging and hauling is being done everyday by about one hundred diggers and [hauled by] about twenty trucks, according to informants of *Aniningal*. The land is said to be owned by Camarines Sur State Agricultural College.

The personnel of the Bureau of Mines paid a visit to this place, but according to the report, nothing has been done. Visitacion Nopre is the concessionaire who has a permit from the Bureau of Mines to dig and mine sand in that place.

*•Section 33.2*

Meanwhile, in an interview conducted by *Aniningal* with Dr. Ciriaco Divinagracia of CSSAC, he said that the present digging in that part of the Binasagan River (also called the San Jose River) is illegal and not included in the permit issued by the Bureau of Mines. That is the reason why he filed a formal complaint with the authorities to stop the digging.

CSSAC has a plot of land in that area with no less than 300 hectares.

Divinagracia said that sand is no longer taken from the river itself but by digging intentionally on the riverbank at night so that the sand and soil will slide down toward the river.

If this hauling of gravel, sand and soil does not stop, there is a danger of soil erosion in the near future and it will reach the place where the Modern Village Subdivision and the Camarines Sur Sports Complex (the former Marcos Stadium) are located, added Divinagracia.

It is alleged that the Provincial Engineer's office also gets gravel and sand in the same place for construction projects of the provincial government.

## Selection Thirty-Four

### Man Fell Head First or was Clubbed?

Legazpi City—The regional office of the Commission on Human Rights continues to investigate the suspicious death of a person who supposedly banged his head on a cement pavement after his bicycle ran into a member of the constabulary.

The investigation was ordered by Director Pelagio Señar, Jr. after suspicion was raised that Eduardo Añonuevo died, not by bumping his head on the pavement but from other serious injuries to the body.

In the initial investigation, it appears that Añonuevo fell from his bicycle when he ran into a certain C2C Saturnino around 11:00 in the evening here in Barangay Himalnod. Saturnino allegedly suffered contusions on his body.

The victim was brought to Albay Provincial Hospital but died nevertheless on June 2. The result of the autopsy had not yet been released at the time this news was being written.

As stated in the report, the victim was an employee of People's Marketing here and was carrying money collected from the delivery of liquified petroleum gas when the incident happened.

## Selection Thirty-Five

### Alfelor Takes Action vs GSIS Transfer
### Three regional offices (planned) to be transferred to Albay

Iriga City—A resolution urging President Aquino not to move the four regional offices of the government, now located in this province, is scheduled to be presented by Representative Ciriaco Alfelor of the fourth district in Camarines Sur to the Lower House in the opening of the regular session next month.

Alfelor said that he will ask the support of his colleagues in the Lower House who are representatives of Camarines Sur in order to show the local leaders in the province that they are united to block the plan of the RDC [Regional Development Council] to transfer all regional offices.

Prior to this, during the RDC meeting held in Bikol last month, a plan was released to transfer the regional offices of the Department of Agriculture, National Irrigation Administration, Government Service Insurance System and Social Security Services to Legazpi City, because this is the regional center of Bikol.

The representative of the fourth district of the province also said that he can recall that during the Marcos regime there was a Presidential Decree stating that all regional offices of the government should be appropriately located in Albay since it is the regional center of the province.

In relation to this, Alfelor also said that it would be appropriate to amend this presidential decree to thwart the plan of the RDC to relocate all the offices from Camarines Sur.

According to interviews with the heads of government offices, 90 percent of all employees are residents of the City of Naga and neighboring towns, so if the transfer is pursued, it would be a great disruption for the employees and a big expenditure for the government. President Aquino herself said that the government agencies should economize because of the shortage of funds.

Even the heads of these offices themselves are not convinced by the plan of RDC. Former Governor Jose Estevez is the chairman of RDC in Bicol and is acknowledged to be a resident of Albay.

## Selection Thirty-Six

### Ibarbia Sr. "Golden Father"

Agaton N. Ibaria, Sr., head of the Small Landowners of Buhi, Inc. and Senior Citizens (San Felipe Chapter), will represent the Bicol Region in being given the honor of "Golden Father Award" [Father of the Year] this year.

The honor will be received by Ibaria in a ceremony to be held in Araneta Coliseum in Manila on Sunday (August 6). Included are nine other Golden Fathers and ten Golden Mother awardees coming from different parts of the nation.

The Golden Father-Mother Award is being given every year to mothers and fathers dedicated to service, not only to their families but also to the community. This is one of the projects of Golden Father-Mother Foundation, Inc. headed by Mrs. Consolacion M. Roy.

Ibaria was first given a "Dedicated and Efficient Award" after 40 years of teaching in a public school in Buhi, Camarines Sur.

## Selection Thirty-Seven

### Hey, It's '86!

It's a new year so we really should start a new life. We should change the notion that we cannot survive without foreign aid. We have to change our belief that we cannot support ourselves. We can.

We really should get away from the excessive belief in the benefits to be gained by elections. Go and register, and when the election comes, vote, then return to your own hard work.

We should believe in our own capabilities. Don't lose faith in Almighty God. Believe in yourself. After all, it's already '86!

## Selection Thirty-Eight

NIA Aids NPA?

The National Irrigation Administration (NIA) here in Bicol denied the allegation that it is giving financial assistance to the NPA as indicated in the exposé made by Senator Ernesto Maceda. Well, that's really the character of Filipinos, still denying, even though they are obviously caught in the act. Isn't that the way it is?

## Selection Thirty-Nine

Political Campaign

The former OIC Vice-Governor Julius Cea Napal plans to run for representative of the third district. It is said that Julie is seen always [in public].

Vice-Governor Nonoy Bulaong is also [mentioned] for the first district.
Won't these two make it difficult for Congressman Lando Andaya?

Watch for the contest for Congress!

## Selection Forty

Foreigner Elected

In Peru a Japanese was elected President.
Here in our place, a Chinese.

## Selection Forty-One

"Trapos" Got Startled

There are many "trapos" (traditional politicians) who were [nervous and] shocked by the group organized by President Aquino.

It is as if they were being undressed in church.

## Selection Forty-Two

*Excuse Me Please*
Media Gives Lead, Next Move is up to Police

Col. Beltran probably holds the assumption that Naga pressmen are cowards. He cannot threaten them with libel suits. Please, Col. Beltran, libel is our breakfast, our lunch, our dinner and snacks. Even our midnight snack is libel, too.

[He thinks] we should reveal our sources. That is a mortal sin for a person who works for the media, Col. Beltran. Never reveal your source, that is the first lesson that media people should learn.

We have already taken the lead, the next step should be yours. In cattle rustling cases, you know it should be easy to catch the thieves if you want to. Go to the place where the carabaos are being slaughtered and the meat is being sold.

As Sherlock Holmes said to his sidekick, "Elementary, my dear Watson, elementary."

What do you say, Col. Beltran?

## Selection Forty-Three

### Problems in the Print Media

Honestly, in print media, there are also some schmucks. If you are a schmuck, especially with regard to the language, don't try to drag it out. That is only a reflection of your personality.

If one newspaper publisher criticizes another publisher, I wouldn't be surprised. And after criticism, if one were to file a lawsuit against another, I wouldn't be surprised at all. I just don't know if everyone would be satisfied.

## Selection Forty-Four

### Employment of Relatives

There are many folks who were disappointed with DPWH Director Mario Talatala because of alleged cornering of projects by his relatives.

"This is influence peddling!" the attorney said. Mind you, sir, you might find yourself in an embarrassing situation before your fellow Bicolanos.

## Selection Forty-Five

### Garchitorena Landscam

According to Vic Azaña, when the hearing for the Garchitorena landscam case starts, he will supposedly reveal that the perpetrators were from Land Bank.

Watch for it! Again the truth will prevail!

## Selection Forty-Six

### Guarding Timber, Job of DENR-PC

The major task of apprehending those who are removing timber illegally cut from the Bicol National Park is in the hands of Department of Environment and Natural Resources.

This is clarified by Col. Meynardo Beltran, head of the Constabulary Command and Police in Camarines Sur, in the midst of complaints that many logs are sneaked out through the checkpoints in the National Park.

Even the order of Brig. Federico Ruiz to remove the barricades at the checkpoint at Maharlika Highway inside the Province of Camarines Sur became the excuse for so much smuggling of illegal logs.

Beltran said that the Philippine Constabulary assigned at the National Park can only give their assistance if the DENR personnel assigned in the same place ask for their help. The PC in Camarines Sur declared that DENR is the one who has the right to inspect vehicles loaded with logs to determine if they are illegal or not.

It is assumed that the major task of the military is to pursue the rebels in the occupied areas of their command, explained Beltran.

Meanwhile, Capt. Arnel de los Santos, commanding officer of the 244th PC company in Camarines Sur, declared that they will put up a mobile checkpoint again if information is received with regard to the smuggling of logs. This [measure will be taken] in addition to that of the special group that was formed by the PC to patrol the highways for the same purpose.

## Selection Forty-Seven

### Lagonoy INP Station, "The Best"

The Lagonoy Integrated National Police (INP) is among the entries from which one will be selected as best police station in the entire Bicol region, according to the news obtained by *Aniningal* the other day.

According to a reliable source, the Lagonoy INP, headed by Pat/Lt. Reymundo Oliquiano, will be the best entry of Camarines Sur to compete for selection as the best and most efficient PC/INP Command in all the municipalities in Bicol.

On the basis of its record for the first five months of this year, Oliquiano's police station was very active in the anti-insurgency campaign, that is why they were able to kill one and captured four, two of whom were "Amazons".

Oliquiano and his companions recovered one Garand rifle, one SB revolver, one snubbed-nose revolver and one hand grenade, as well as many subversive documents.

This paper also learned that, of 83 cases received by the INP Station, 67 were solved and 16 are still under investigation.

The Lagonoy INP Command is also active in the campaign for peace and order, including leading discussions and seminars for the people so they will have more confidence and become closer to the government.

On June 10, Mayor Rellora himself, with several of the Lagonoy police, caught a timber poacher carrying smuggled logs loaded on one six-by-six truck in one of the barangays. The logs were confiscated and the owner [of the vehicle] is facing charges.

## Selection Forty-Eight

*•Section 48.1*

Teamwork Needed by the Government, Foundation of a Happy Family

For a good and happy outcome, teamwork is the most important thing needed in any group in whatever it does. If there is no teamwork and everyone is on his own, there is always trouble and misunderstanding. There is no unity. There is no peace.

Let us take the sound of an orchestra. The music is soothing and beautiful if there is harmony of sound from every instrument. There is teamwork. Also in basketball, teamwork is the main ingredient of a good game.

Let us carefully analyze why our government cannot give the necessary services to the people. Is it not that the major cause of this is the absence of teamwork among (groups of) our officials in the management of the government? We will scrutinize it deeply.

Let's take the executive branch of our government. From the president to the members of the cabinet, is it not that they are disunited? Fighting one another? Opposing one another? Slinging garbage at each other? Smearing mud on each other's faces?

*•Section 48.2*

President Aquino against Vice President Doy Laurel, Concepcion, Ramos, Bengson, Macaraeg, Jaime, Chavez, members of the cabinet are clashing with one another. The Senate and Congress are not in harmony with one another. In the campaign against the CPP/NPA, their stand on the U.S. military bases, as well as the payments of foreign debts to others nations, the government is not united.

And the sad result? Hardship for the Filipino. Problems in peace and order, problems of drug addiction, problems of water, power, oil etc.. Ah...litany of our suffering public. Because their is no teamwork. There is no cooperation. Divided.

In building a strong and happy family, teamwork is also needed. Commitment by each member of the family is necessary for the unity and happiness of the relationship at home.

Because of the importance of the family in a peaceful and progressive society, God himself commanded good teamwork by all members of the family. It is written in the Holy Scriptures, God's message of hope for the well-being of the people who want to follow [Him].

## Selection Forty-Nine

*•Section 49.1*

### Ka Bernard a Communist Impostor
### Military Recommended to File a Case Against Suspects

The New People's Army in Camarines Sur (CS) announced that Bino Dacer, alias Ka Bernard, is an impostor and is only being used by the military as a propaganda tool to ruin the name of the movement, the officers and employees of the government, including the businessmen.

Meanwhile the military recommended filing necessary charges against the government personnel, businessmen and other persons mentioned by Ka Bernard as supporters of the NPA in the province.

A letter sent to *Balalong* by the Romulo Jallores Command (RJC-NPA) said that Dacer never became a member of the NPA in spite of his intention to join, but was turned down because of the high standards of the revolutionary group.

Dacer only pretend to be a member of the NPA in order to collect financial and material support from influential persons in the province for his own personal interest.

RJC-NPA said that Dacer is only using the names of politicians and military so that his own name will become known.

With regards to the statement of RJC-NPA that Dacer was known as a commander of the NPA, RJC-NPA said that it was not true since there are many steps to go through before a member can be a head of any element in the NPA.

The supposed use of Dacer by the military became the reason why people lost their confidence in the military, particularly those mentioned by the NPA members who surrendered as communist/rebel supporters.

*•Section 49.2*

The announcement made by the NPA came out amidst the controversial charge announced by Dacer that a number of mayors, businessmen, employees and members of the military are alleged supporters of the rebel groups.

Dacer confessed that he was one of the leaders of the finance committee before he surrendered to Lt.Col. Edilberto Pancifane, head of the 2nd Infantry Batallion that has a detachment in Goa, Camarines Sur.

In an affidavit signed by Dacer, which was also handed down to Senator Ernesto Maceda, he said that the NPA in Camarines Sur can collect up to P1.3 million pesos every month from politicians, multi-national corporations and private businessmen.

Dacer's list was immediately made public by Senator Maceda in his "privilege" speech in the Senate.

Maceda's public declaration led the mayors of Camarines Sur to announce jointly that they are all going to resign as heads of the Municipal Peace and Order Council (MPOC) in their municipalities.

The chief of the constabulary, Brig.Gen. Cesar Nazareno, recommended filing (necessary) cases against those who were mentioned as supporters of the NPA in Camarines Sur.

Among those (names) mentioned by Dacer to have given financial and material support to the group to which he had formerly belonged was Mayor Jose Villanueva and members of the City Council of Iriga City; Narciso Declaro-Bato; Alfredo Rellora-Lagonoy; Candido Montenegro-Balatan; Jose Reyes-Tinambac; Florencio Celino-Ocampo; Teodoro Delanco- Libmanan; Romeo Reyes-Pasacao; and acting Mayor Benjamin Canet of Bula.

# Glossary

Note: Each headword and definition is followed by the number of the selection in which it first appears.

## A

**abága** shoulder «16»
**abangán** watch for, wait for [**abáng**-watch] «39»
**ábay** friend, comrade, buddy «10»
**abotón** will reach [**abót**-to arrive, come, reach] «33»
**administrasión** administration «3»
**ága** morning «9»
**agóm** spouse (wife or husband) «19»
**Agósto** August «27»
**agrupasión** group, crowd, gathering «41»
**ahénsia** agency «35»
**ahéntes** agents [alt: **agéntes**] «1»
**áki'** child (son or daughter) «19»
**áki(ng)** child (girl) «16»
**akó** I, me «43»
**aksidénte** accident «29»
**aktibidád** activities «9»
**aktíbo** active «47»
**aktíbo(ng)** active «28»
**ákto** act «38»
**aktuwalménte** currently, actually «27»
**akusádo** accused «18»
**alágad** but, however «9»
**alás** o' clock «5»
**Albáy** province in Bikol Region «12»
**aldáw** day [lit: sun] «16»
**Alkálde** Mayor «3»
**almuérso** midnight snack «42»
**alyás** alias «9»
**amá'** father «22»
**ama'ón** uncle «16»
**amasóna** rebel women [lit: "amazons"] «47»
**ámay** early; earlier «32»
**an** noun marker «1»
**Aniningál** name of a newspaper in Bikol «33»
**anó** what «7»
**anóm(6)** six «19»
**anó(ng)** what «6»
**antés** before «27»
**antipára** eyeglasses «30»
**anumán** whatever «48»
**año(s )** year(s) «16»
**apát** four «16»
**apektádo(ng)** affected «33»
**apesár** in spite of «27»
**ápo'** title showing respect for an older person «42»
**apuéra kan** aside from «13»
**ármas** arms «17»
**aro-aldáw** everyday [**aldáw**-day, sun] «33»
**árog** like «12»
**asín** and «1»
**asisténsia** assistance «46»
**atrasádo(ng)** delayed, late, slow «32»
**atubángan** before; in front of «9»
**atubángon** to face [**atúbang**-front] «18»
**autopsíya** autopsy «34»
**awtoridád** authority «18»
**ayúda** support; assistance; aid; relief «10»

## B

**Baao** a town in Camarines Sur «17»
**babáe** girl, woman; lady, female «16»
**babasahón** paper; what is being read [**bása**-to read] «47»
**babayádan** will pay [**báyad**-fee, payment] «27»
**bagá** an expression which gives emphasis; afterall «37»

**bagá(ng)** you know it would «42»

**bágay** thing, matter «4»

**bágo** before «26»

**ba'gó** newly; new «12»

**ba'gohón** to change «37»

**ba'gó(ng)** new «5»

**bahág** cowards [lit: loin cloth] «42»

**báka'** might be, perhaps, maybe «44»

**Bakal** name of barangay in Paracale, Camarines Norte «16»

**bakó'** not; do not «6»

**bakó(ng)** not «20»

**bála** bullet «16»

**Balalóng** name of a newspaper in Bikol «5»

**Balátan** a municipality in Camarines Sur «23»

**banál** holy «48»

**banggí** evening, night [alt: **banguí**] «5»

**bangkáy** dead body «19»

**bángko** bank «27»

**banwá'an** town, country «9»

**barágay** in harmony [**bágay**] «48»

**barangá'** divided, separated, disunited [**banggá'**-to divide in half] «48»

**barángay** village «3»

**Barayóng** a small barangay located in Ligao, Albay «12»

**baréta'** news «5»

**baréta(ng)** news «29»

**barikáda** barricade «46»

**baróng-baróng** shanties «11»

**basádo** based on «7»

**báse** base «48»

**batá'** something rotten; trash [lit: stinks, foul smelling] «48»

**Batángas** a province on Luzon, north of Bikol «18»

**baybáy** sand «33»

**bayléhan** public dance [**báyle**-to dance] [lit: place where a dance is held] «16»

**behíkulo(s)** vehicle(s) «11»

**beínte** twenty «3»

**bénta** profit, gain «20»

**béses** number of times, occurrences «9»

**Biérnes** Friday «23»

**biglá'** suddenly; abruptly, spontaneously «19»

**bihíra** rare; seldom «13»

**Bikoláno** a native of Bikol «20»

**bíktima** victim «16»

**bílang** as, in the role of «9»

**bílog** whole, entire [lit: circle, round] «26»

**binanóg** beaten up [**banóg**-to beat] «34»

**Binaságan** a municipality of Camarines Sur «33»

**binulnót** pulled out [**bulnót**-to draw or to pull out] «19»

**BIR** Bureau of Internal Revenue «20»

**Bise Alkálde** Vice Mayor «3»

**bisekléta** bicycle «34»

**bisíta** guest; visitor «32»

**bisitáha** visit (a command or request) «6»

**bistádo(ng)** known «35»

**bitúka** stomach «22»

**bombéro** fireman (fire department) «11»

**bo'ót** feelings [alt: **bu'ót**] «49»

**bráso** arms «19»

**búhay** life, lives, living «9»

**bukás** open «6»

**bukasán** to start [**bukás**-open] «27»

**Bulá'** town in Camarines Sur «25»

**búlan** month [lit: moon] «1»

**bulán-búlan** monthly; every month «3»

**bulnotón** to drag out [**bulnót**-to pull out] «18»

**bulód** hinterland; mountain, hill «9»

**búnga** result [lit: fruit] «25»

**bunó'an** slaughterhouse [**bunó'**-to butcher] «27»

# C

**Calabánga** a town in Camarines Sur «31»

**Calabása** barangay of Labo, Camarines Norte «16»

**Camalígan** a town in Camarines Sur «30»

**Camarínes Norte** a province in the Bikol region «16»

**Camarínes Sur** a province in the Bikol region «3»

**CASURECO** Camarines Sur Electric Cooperative «13»

**Catanduánes** an island province off the northern coast of Albay «18»

**Cavinítan** a barangay of Virac, Catanduanes «18»

**COF-SMB** Committee on Fisheries-San Miguel Bay «31»

**CPP** Communist Party of the Philippines «9»

# D

**da'á** indicates reported speech, "they say" «8»

**da'á(ng)** supposedly, reportedly «39»

**Daét** a town in Camarines Norte «16»

**dagá'** land, soil «33»

**dagdág** additional «7»

**dahíl** because «9»

**dahilán** cause, reason, factor «32»

**da'í** do not; no «4»

**da'í(ng)** none; no «28»

**dakól** many «3»

**dakúla(ng)** great, big «4»

**damúlag** carabao; water buffalo «42»

**dángan** (and) then «24»

**Dangkálan** a barangay in Paracale, Camarines Norte «16»

**dangogón** listen [**dangóg-**to hear] «48»

**dápat** should «13»

**dapít** about, regarding «32»

**dará-dárang** carrying [**dará-**to carry] «34»

**Daraga** a municipality in Albay province «25»

**darága** young, unmarried (single) woman «16»

**darahón** to be taken [**dará-**to take, to bring, to carry] «18»

**darakúlang** influential, well-known [lit: **dakúla'**-big, large] «49»

**dáti** former «49»

**dáti(ng)** formerly «24»

**daw** indicates speculation on part of speaker «7»

**dayúhan** foreigner, alien «37»

**dedikádo** dedicated «36»

**deklarasión** declaration «9»

**dekréto** decree «35»

**Del Rosário** barangay of Baao, Camarines Sur «17»

**delegasión** delegation «32»

**demokrasía** democracy «9»

**depatúra** department, station, outpost «17»

**depektíbo(ng)** disrupted [lit: defective] «12»

**depúnto(ng)** the late (deceased person) «32»

**deputádo** deputy or representative «35»

**Disiémbre** December «11»

**desisión** decision «14»

**destíno** assigned «8»

**digdí** here «9»

**dinagdagán** added to, supplemented [dagdág-to add] «17»

**dinakóp** was arrested [**dakóp-**to apprehend, to arrest, to catch] «25»

**dinará** taken [**dará-**to take, to bring] «16»

**dinarakóp** were caught [**dakóp-**to arrest, to catch] «31»

**direktaménte(ng)** directly «30»

**direktór** director «32»

**disgústado** disgusted, disappointed «44»

**diskúrso** speech; discourse «9»

**diskusión** discussion or argument «19»

**distánsia** distance «17»

**distríto** district «25»

**diyán** there «44»

**diyés** ten «3»

**Diyós** God «37»

**Domíngo(ng):** Sunday «22»

**dos** two «3»

**dos punto kuwatro** 2.4 «3»

**dos siyentos singkuwenta mil** 250,000 «3»

**DPWH** Department of Public Works and Highways «4»

**dumán** there «9»

**dumánan** look or go to the place [**dumán**-there] «42»

**duminulág** fled, escaped [**dulág**-to escape] «29»

**duránte** during «1»

**duwá(ng)** two «16»

# E-F

**edipísio** building or edifice «26»

**ehekutíbo** executive «32»

**ehémplo** example «12»

**eklípse** eclipse «30»

**eksistensía** existence «4»

**eleménto** member [lit: element] «34»

**eleméntos** members [lit: elements] «17»

**embés** instead [alt: **envez**] «29»

**emiendahan** to amend [**emiendar**] «35»

**empleádo** employee «7»

**empleádos** employees «13»

**en kaso** in case «46»

**Enéro** January «11»

**engkuéntro** encounter «16»

**énot** first [alt: **ínot**] «17»

**entéro(ng)** entire «22»

**éntre** between «16»

**entrebísta** interview «20»

**eskuela(hán)** school building [**eskuéla**-school] «4»

**eskuélas** school «32»

**espesiál** special «17»

**espóso** spouse «32»

**estádo** area [lit: state] «3»

**estasión** station «5»

**estasiónes** stations «6»

**Febréro** February [alt: **Pebréro**] «3»

**Filípino** citizen of the Philippines «38»

**Fundador** a brand of whiskey «8»

# G

**gabós** all, everyone «9»

**gadán** dead «16»

**gamíton** to use [**gámit**] «27»

**gána** win «14»

**ganánsiya** gain, profit «27»

**garó** as if, it seems that «41»

**gasgás** bruises, abrasions «29»

**gastós** expenses «35»

**Gartchitorena** name of a district in Camarines Sur «3»

**gatós** hundred «33»

**gayód** probably «42»

**gíbo** job or work «46»

**gíbo-gíbo** activities; deeds [**gíbo**-to do] «9»

**gigibóhon** to be held; to be done[**gibo**] «36»

**gíkan**: from «17»

**gílid** (river) side or bank «33»

**ginagámit** being used [**gámit**-to use] «49»

**ginámit** was used [**gámit**] «27»

**ginatós** hundred [**gatos**] «28»

**giníbo** started or held [**gíbo**-to make] «23»

**giníbo(ng)** delivered, made [**gibo**] «9»

**ginigíbo** being done [**gíbo**-to do] «17»

**gintó(ng)** golden [**gintó**-gold] «36»

**giráray** again «18»

**GM** General Manager «13»

**Goa** a town in the province of Camarines Sur «11»

**gobernadór** governor «14»

**gobiérno** government «7»

**grába** gravel «33»

**grámos** grams «1»

**granáda** grenade «16»

**grábe(ng)** severe, grave «19»

**grípo** faucet «3»

**grúpo(ng)** group «9»

**guárdia** guard «18»

**gugustuhón** to want to [**gustó**-like, want] «42»

**gumána** will win [**gána**-win] «15»

**gurunitán** race, contest or fight [lit: **gunít**-to fight by pulling the hair] «39»

**gustó** want, like to «10»

**gustó(ng)** like, want «48»

# H

**há'in** where «32»

**hababá'** low [**baba**-short] «13»

**habábaw** poor [**babaw**-shallow] «10»

**hágad** requested; to ask «22»

**hagádon** will ask [**hágad**-to ask for, to request] «46»

**hahagádon** will ask [**hágad**-to request] «35»

**hakláson** to remove [**haklás** -to detach] «46»

**halangkáw** high [**langkáw**-tall] «49»

**halí'** coming from, to come from «11»

**halí'** from, to come from «1»

**halóy** long time «15»

**hanggán** up to, until «48»

**hápon** afternoon «29»

**Haponés** Japanese «40»

**hara'bónan** (cattle) rustling [**ha'bón**-to steal] «42»

**haralangkáw** very high [**halangkáw**-high; tall] «7»

**haraní** close or near [**raní**-close, near] «16»

**harayó'** [fig.] different, far [**rayó'** - distant] «4»

**harí** do not «10»

**hárong** household; shelter; home «3»

**háros** about, almost «17»

**hastá** until; up to «5»

**háwak** body «19»

**háyag** obvious [**hayag**-to expose] «17»

**hektárya(ng)** hectare «33»

**hektáryas** hectares «33»

**hépe** chief [alt: **jefe**] «30»

**Himalnod** a barangay in Legazpi, Albay «34»

**hinanakít** grudges, resentment [**sakit**-pain] «19»

**hónra** honor «9»

**hónra(ng)** honor «36»

**hóras** hours «11»

**hoy** hey «37»

**hueteng** a form of gambling [alt: **jueteng**] «17»

**húli'** because «8»

**Húnio** June [alt: **Húnyo**] «2»

**huwés** judge [alt: **hués**] «14»

**huwéses** judges «14»

# I-J

**ibá** other «3»

**ibá(ng)** other «21»

**ibalyó** transfer [**balyó**-to move from one place to another] «17»

**ibiklád** disclosed [**biklád**-to spread out; to unfold] «20»

**ibinalík** was taken back [**balík**-to return] «24»

**ibuboyagyág** to reveal [**boyagyág** ] «45»

**ibubugták** will be placed [**bugták**-to place] «32»

**ibukló'** accused [**bukló'**] «25»

**idinagdág** added [**dagdag**-to add, to increase] «9»

**idinawít** was linked [**dawít**-to be involved with] «9»

**idolohíya** ideology «28»

**idudúlot** being imparted [**dúlot**-offer] «37»

**igwá** has, have «18»

**igwá(ng)** to have or possess; there is «33»

**ihantád** to reveal [Tag:**hantád**-expose] «42»

**ika-** prefix which marks an ordinal number «9»

**ika-apát** fourth «25»

**íkog** tail «42»

**ilegál** illegal «9»

**imbestigadóres** investigators «11»

**imbestigasión** investigation «34»

**imbuélto** involved «17»

**implementasíon** implementation «17»

**impluénsia** influence «28»

**impormántes** informants «33»

**impormasíon** information «5»

**impostór** impostor «49»

**iná'** mother «32»

**inaagíhan** undergo [lit: **ági** -pass] «49»

**inaapód** so-called; alleged [**apód**-to call] «9»

**inagrángay** suffering [lit: **agrángay**-cry, plead] «48»

**inaguráran** will be inaugurated [**inagurár**-to inaugurate] «26»

**inagurasión** inauguration «32»

**ináko'** accepted [**áko'**-to accept] «9»

**índa** I don't know «43»

**ingréso** annual profit, income or gain «20»

**ingréso(ng)** income «27»

**iní** this; of this, these «2»

**iní(ng)** this, these «26»

**inísial** initial «34»

**insidénte** incident «34»

**insidentes** incidents «16»

**instruménto** instrument «48»

**interés** interest «27»

**intsík** Chinese «40»

**inuulí'** is being returned [**ulí'** - to return back; change] «4»

**ipagkuríyat** scatter or drag it out [**kuríyat**-to drag] «43»

**ipagtaká** to cause surprise [**taká**-surprise, amaze][Tag] «13»

**ipahilíng** was shown [**hilíng**-to look] «29»

**ipapaliwánag** will be explained [**liwanag**-light, clear] «30»

**ipigboyagyág** made public; exposed [**boyagyág**] «49»

**ipigpá'on** (used as) bait [**páon**-bait; lure] «28»

**ipigpása** given to [lit: **pása**-to pass or hand it down] «49»

**ipinaabót** was brought [lit: was made to arrive][**abót** -to reach,arrive] «12»

**ipinabakál** was sold [**bákal**-to sell] «29»

**ipinadará** was sent [**dará**-to take; send] «49»

**ipinag-apón** was thrown [**apón**-to throw, to discard] «16»

**ipinagdenúnsia** was denounced [**denúnsia**-to denounce] «9»

**ipinagplantár** filed against [**plantár**-to file a complaint] «18»

**ipinagreklámo** complained about [**reklámo**-to complain] «33»

**ipinag-release** was released «26»

**ipinagsa'bít** mentioned [lit: **sa'bít**-to hang] «49»

**ipinagsa'ngát** was filed against [**sa'ngát**-to bring up something] «18»

**ipinag-talá'an** scheduled[**talá'**] «27»

**ipinaháyag** declared [**háyag**-to announce] «27»

**ipinaláyog** was released [**láyog**-to fly] «20»

**ipinaliwánag** was explained, made clear [**liwánag**-clear] «9»

**ipinaluwás** released [**luwás**-come out] «17»

**ipinapaluwás** being released [**luwás**-to come out, outside] «34»

**ipresentár** to be presented [**presentár**-to present] «35»

**irarom** under, beneath [**rarom**-depth, deep] «28»

**Iriga** city in Bikol region «1»

**iríwal** fighting, argument [**íwal**-to quarrel] «28»

**isyu** issue «32»

**itatampók** will be featured [**tampók**-a precious stone, gem] «5»

**itiná'o(ng)** given, issued [**tá'o**-to give] «33»

**itinata'ó** being given [**ta'ó**-to give] «36»

**itinatayá'** risk (their lives) [**tayá'**-bet, wager] «9»

**itó** that «33»

**itó(ng)** that, those «26»

**iyán** that «13»

**iyó** marker used to emphasize the aforementioned «3»

**Julío** July; also, a man's name «28»

# K

**ka** you «13»

**kaanggótan** anger [**anggót**-angry] «19»

**kaaráman** knowledge [**áram**- to know or be aware of] «23»

**kababayan** fellow countrymen «44»

**kabáli** included, associated with «49»

**kabangá'(ng)** (one) half [**bangá'**-to divide in half] «33»

**kabikólan** the Bikol region; the area of southern Luzon comprised of the provinces of Albay, Camarines Norte, Camarines Sur, Catanduanes, Masbate, and Sorsogon «9»

**kabinete** cabinet «48»

**káda** every «7»

**káda-búlan** every month «21»

**kadagátan** open sea [**dágat**-sea, ocean] «16»

**kadaklán** majority, most[**dakol**-many] «31»

**kadakól** very many [**dakól**-many] «13»

**kagabatán** burden [**gabát**-weight; burden] «27»

**kagadánan** death [**gadán**-died] «16»

**kagáwad** municipal councilor [Tag] «7»

**kag-gíbo** doer, perpetrator [**gíbo**-to accomplish, to achieve] «45»

**kagsadíri** owner [**sadíri**-property owned] «11»

**káha** cash register or cash box «27»

**kahalagahán** importance, value [**halagá**-value,price] «9»

**kahiwásan** entire part [**híwas**-width] «26»

**káhoy** tree [lit: wood] «16»

**kaibá** including [lit: **ibá**-to go with, to accompany] «8»

**kaibáhan** included [**iba**-to come along with someone] «3»

**kaibánan** companion, colleague [**ibá**-to go, to come] «32»

**kainí** of these; this «1»

**kainí(ng)** this, these «49»

**kaipúhan** necessary [**ípo**-to need] «48»

**kairibá** to be included, go along with, to be the companion of[**iba**-include] «9»

**kaisípan** thinking [**ísip**-idea, thought, opinion] «37»

**kaitó** formerly; before; previously «8»

**kaiyán** that, those «10»

**kakánan** eatery «2»

**kakáwat** playmates [**káwat**-a game, sport] «22»

**kakáyahan** capabilities [**káya**-to endure] «37»

**kaláyo** fire, flame «11»

**kama'wótan** desire [**ma'wót**-hope ,longing for] «27»

**kamí** us, we (exclusive) «42»

**kamó** you(pl) «10»

**kamót** hands «17»

**kampánya** campaign «9»

**kampánya(ng)** campaign «47»

**kámpo** camp «49»

**kan** noun marker (specific) «1»

**kanál** canal «12»

**kantidád** budget [lit: amount, price] «3»

**kanyá-kanyá** each to his own; looking out for oneself «48»

**kapalibotán** surrounding [**líbot**-to walk around] «26»

**kaparého(ng)** same [**parého**] «17»

**kapitál** capital «27»

**kapitalísta** capitalist, financier «24»

**kapundóhan** stop [**púndo**-to stop, terminate] «33»

**kaputíkan** lies [**putik**-mud, lie] «9»

**karaháyan** benefit [**raháy**-good] «13»

**kárga(ng)** carrying, loaded with [**kárga**-cargo] «46»

**kárne** meat «27»

**karsél** jail «18»

**kasabáy** simultaneous [**sabáy**-to do at the same time] «27»

**kasiguróhan** assurance «32»

**káso** case or charges «18»

**káso(ng)** case «47»

**kasoodmá'** yesterday «20»

**kasugú'an** order [**súgo'**-to send someone on a mission] «25»

**kasuhan** to file a case or charges «49»

**kasuló** fire [**suló**-to burn, to incinerate] «11»

**kasundú'an** agreement [**sundó'**-to agree] «31»

**kasurátan** written document [**surat**-write] «48»

**katakód** in relation, in connection [lit: **takód**-connect, bind together] «35»

**katará'id** neighbors [**tá'id**-alongside] «19»

**katotohánan** truth [**totoo**-true] «9»

**katuninóngan** peace [**tunínong**-calm] «48»

**katuwáng** assistant [**tuwáng**-to help somebody by taking the other half of the load] «32»

**katuyúhan** purpose [**túyo**-goal, intention] «20»

**kawa'rán** lacking [**wará'**-lost, missing] «27»

**káwat** game; play «48»

**kayá'** even; that's why «11»

**káya(ng)** to be able, to withstand «37»

**káyod** hard work «37»

**ki** personal name marker (in the oblique) «3»

**kilométro** kilometer «33»

**kinababaléhan** affililiated with «49»

**kinakaipúhan** appropriately [**kaipúhan**-necessary] «35»

**kinamumugtákan** location [**bugták**-to place] «24»

**kinsé**(15) fifteen «2»

**kinumpiskár** was confiscated [**konpiskar**-to confiscate] «47»

**kinyéntos** (500) five hundred «1»

**kitá** we (you and I), our «37»

**kláse** class, types «17»

**ko** I, by me «8»

**koleksión** collection «13»

**kómo** as «8»

**kompuésto** composed of «31»

**komunísmo** communism «28»

**komunísta** communist «49»

**kongréso** Congress «39»

**konséjo** council «24»

**konstabulária** constabulary «17»

**konstituéntes** constituents «7»

**konsumidóres** consumers «27»

**kóntra** against «14»

**kontráta** contract «27»

**kontrobersiál** controversial «27»

**ko'operádo** cooperating «13»

**kooperasíon** cooperation «48»

**ko'operatíba** cooperative «13»

**koriénte** power; electricity «48»

**korporasión** corporation «49»

**Kórte Suprema** Supreme Court «14»

**kótse** car, automobile «29»

**krédito** credit «6»

**krúdo** diesel fuel «11»

**kukulángon** less (than) [**kúlang**-lacking, short] «33»

**kulibát** please remember..., by the way [expr]«6»

**kumandér** commander «49»

**kumbensído** convinced «35»

**kun** if «4»

**kundí'** but also «6»

**kung** if [Tag] «48»

**kúra** curate [**kura-paroko**-parish priest] «29»

**kutá'** would have «16»

**kuwárta** money «34»

# L

**lába'** length «33»

**labí-labí** too much; outrageous «37»

**Labó'** a town in Camarines Norte «16»

**labóy** mud «48»

**ládo** side, part «15»

**lagdú'an** all out [lit: being sold wholesale] «1»

**Lagonoy** a town in Camarines Sur «9»

**lakdáng** step [Tag:**lakdáng**-step,stride] «42»

**laláki** man; male «34»

**lalawgón** face «22»

**lálo** even more «26»

**lálo(ng)** even more «24»

**lálong-lálo** most especially «9»

**lámang** even, only, just «6»

**lambáng** every; each «3»

**lang** just, only «19»

**lantád** [fig.] being seen publicly «39»

**la'óg** in, inside «17»

**Larangang Yunit Gerilya** Field Guerilla Unit [Tag] «28»

**Legázpi** city in Bikol «20»

**leksión** lesson «42»

**lenguáhe** language «43»

**leys** laws «17»

**Libmanan** a municipality in Camarines Sur «25»

**Libon** a municipality in Albay «25»

**libró de benta:** book or ledger of accounts «20»

**líderes** leaders «35»

**Ligao** a town in Albay province «12»

**ligtás** safe «16»

**likodán** behind [**likód**-back] «11»

**lilikidáron** subject for liquidation [**likidár**-to liquidate; to kill] «9»

**limá(ng)** five «11»

**linalá'oman** is expected [**lá'om**-to expect or to anticipate] «32»

**lindéros** boundaries «31»

**lindóng** shaded or protected area «26»

**linubóng** was buried [**lubóng**-to bury, inter] «22»

**lístahan** list «9»

**litanía** litany «48»

**liyabe** key [alt:**llave**] «22»

**lokál** local «23»

**lugár** area, place «25»

**lugód** gives emphasis «10»

**lunádan** vehicle [**lúnad**-to ride] «46»

**Lúnes** Monday «5»

**luwás** not included [lit: outside] «33»

# M

**maabót** almost; will reach about «1»

**maaráman** to determine [**áram**-to know] «20»

**maatúbang** will be facing [**atúbang**-to confront or face] «27»

**mababá'** less than [**babá'**-short in height] «49»

**mabanggá'** ran into [lit: **banggá'**-bump into, crash] «34»

**mabubúhay** to survive [**búhay**-life, to live] «37»

**mabudálan** was hit [**budál**-to hit someone] «29»

**mabuhay** Long Live...! [expr][**buhay**-life] «4»

**mabukás** will open «2»

**mabunggó'** hit, ran into [**bunggó'**-see **banggá'**] «34»

**madadágos** will pursue or continue [**dágos**-to continue] «35»

**madadangóg** will be heard [**dangóg**-to hear, to listen to] «5»

**madagdágan** additional [**dagdág**-to add] «23»

**madakóp** were able to catch [**dakóp**-to apprehend, catch] «31»

**mádalan** will watch [**dálan**-to watch] «30»

**madalí'** will soon [**dalí'**- quick, easy] «26»

**madalí'(ng)** easily [**dalí'**-easy;quick] «12»

**madanyarán** to get injured [**danyár**-to damaged] «30»

**madará** (is going to) bring [**dará**-to bring, to take] «5»

**mademitír** will resign [**demitír**-to resign] «49»

**madeterminaran** to determine [**determinar**] «46»

**mag-abót** arrived [**abót**] «11»

**magagámit** would be able to use [**gámit**-to use] «27»

**magayá-gáya** soothing, pleasant «48»

**magayón** beautiful [**gayón**-beauty] «48»

**magba'góng** to renew [**ba'gó**-new] «26»

**magbalík** to go back, return «37»
**magbáyad** to pay [**báyad**-fee, payment] «27»
**mag-bisíta** to visit «6»
**magbugták** to put or set up [**bugták**-to put or place] «46»
**magbukás** to open [**bukás**-open] «24»
**magburútas** to relinquish or resign [**bútas**-to set free] «10»
**magdalágan** to run [**dalágan**-to run] «39»
**magdangóg** to listen «6»
**mag-debáte** to engage in a debate «15»
**mag-file** to file «14»
**maggámit** to use [**gámit**-to use, to avail] «30»
**maghágad** will ask, asking for [**hágad**-to ask for] «20»
**maghilíng** examine [**hilíng**-look] «20»
**maghuhurót** will urge [**hurót**-to urge, to ask] «35»
**maghurós** will slide [**hurós**-to slip] «33»
**mag-ibá** to surrender [**ibá**-to come] «18»
**mag-ibóng** both sides [**ibóng**-side, the other side] «33»
**magibóng-ibóng** on both sides «3»
**magiging** is becoming [**maging**] «15»
**magigirumdóman** to recall [**girumdóm**-to recall, reminisce] «32»
**máging** to become «13»
**mag-inspeksión** to inspect [**inspeksión**] «46»
**magkaigwá** to have [**igwá** -to have] «13»
**magkakaigwá** will have [**igwá**-have] «30»
**magkakanigó(ng )**: proper «9»
**magkasararó'** to be united [**saró**-one] «49»
**magkasuháy** separate [**suháy**-to separate, apart] «16»
**maglápag** to pursue [**lápag**-to chase] «46»
**maglatáw** came out [**latáw**-to float, to appear] «34»
**maglíbot** to go around [**líbot**-to wander] «20»
**maglikáy** to be aware [**likáy**-be careful] «20»
**magluwás** come out [**luwás**-to come out, outside] «20»
**mag-operár** operating [**operár**-to operate] «20»
**magpa-Diyós mabalós** to give thanks «14»
**magparehístro** to register [**rehístro**-to register] «37»
**magpatrolía** to patrol [**patrolía**] «46»
**magpíli'** vote [**píli'**-to choose] «37»
**magplantár** filed [**plantár**-to file (a case, complaint)] «31»
**magpu'ón** starting from [**pu'ón**-start] «48»
**magpúndo** the act of stopping [**púndo**-to stop] «29»
**magsa'ngátan** to file (a lawsuit) [lit:**sa'ngát**-to climb to the top] «43»
**magsesérbi(ng)** will serve as [**sérbi**-to serve] «26»
**magsorosadíri** support oneself, to live independently [**sadíri**- self] «37»
**magsunód** will follow [**sunód**-to follow] «48»
**magsupórta** to support [**supórta**-support] «24»
**magtábang** to help or assist [**tábang**] «46»
**magtipíd** to economize [**tipíd**-thrifty] «35»
**magtiwála'** to be confident with, to trust [**tiwála'**-trust] «47»
**magtubód** to believe in [**tubód**-have faith, believe] «37»
**magúrang** parents «16»
**mag-úyon** to agree [**úyon**-to agree] «49»
**mahahalóy** a long time [**halóy**] «33»
**mahahamán** will be finished [**hamán**-completed] «32»
**mahál** Almighty [lit: dear, expensive] «37»
**mahihilíng** can be seen [**hilíng**-to see] «30»
**mahilíng** was seen [**hilíng**-to see] «22»
**mahúsay** good [**húsay**-neat, tidy] «48»
**maigó'** carefully [lit: **nigó'**-appropriate, proper] «48»
**maígot** persistent [**ígot** -tight] «9»
**maimbestigarán** to question [**imbestigár**-to investigate] «22»
**maínit** heated [**ínit**-hot, warm] «19»
**makabaldí'** disgusting, sickening [**baldí'**] «27»

**makadará** will encourage [**dará**-to take] «26»

**makadúda(ng)** suspicious [**dúda**-doubt] «34»

**makahulugán** meaningful [**kahulugán**-meaning; significance] «9»

**makakamáti'** will experience [**máti'**-to feel, to sense] «30»

**makakolékta** to be able to collect «49»

**makaku'á** to acquire [**ku'á**-to take, to get] «23»

**makaresibí** will receive [**resibí**] «46»

**makatábang** enhance [**tábang**-to help] «26»

**makiarám** interfered, got involved [**áram**-to know] «31»

**makonpírmar** can be confirmed [**konpírmar**-to confirm] «29»

**maku'á** summon, find [**ku'á**-to take, obtain] «22»

**makua(ng)** found [**ku'á**-to get, obtain] «22»

**makuku'á** generated [**ku'á**-to take, to acquire] «27»

**makukulóg** injuries [**kulóg**-pain, ache] «34»

**makusóg** strong [**kusóg**-strength] «9»

**malá'in** to feel bad [**lá'in**-different] «29»

**malawós** to happen [**lawós**-carry on, continue] «15»

**malínaw** clear [**línaw**] «27»

**malínig** clean [**línig**-to clean] «27»

**malulúgi'** will lose money[**lúgi'**-losing, unprofitable] «27»

**maluwás** will come out ahead [**luwás**-to come out] «45»

**malúya(ng)** poor [**lúya**-weak] «12»

**mamamatí'an** will be experienced [**máti'**] «30»

**mamidbidán** identified [**midbíd**-acquainted, know] «29»

**mamundóng** sad [**mundó'**-sad, lonely] «48»

**man** also, too «5»

**manehamiénto** management «12»

**mánga** noun plural marker [alt: **mga**] «7»

**mangalás** to be surprised [**ngalás**] «43»

**mangyári** to happen «32»

**maninigó'** appropriate [**nigó'**-proper] «35»

**manla'ín-lá'in** different [**lá'in**-different; various] «16»

**Mantagbac** a barangay in Daet, Camarines Norte «22»

**mántang** while «3»

**manu'dán** to be learned [**nu'ód**-educated] «42»

**manungód** about, regarding [**tungód**] «15»

**manunungod** with regard to «46»

**maogmá** happy [**ogmá**-happiness, joy] «13»

**maogmá(ng)** happy; good «2»

**mapadapít** regarding «7»

**mapagayón** to make more beautiful [**gayón**-pretty] «26»

**mapaharaní** to become closer or to feel more confident with [lit: **haraní**-close] «47»

**mapapatákot** threatened [**tákot**-fear] «42»

**maparayó'** to lose confidence [lit: **rayó'**-far, distant] «49»

**mapasúpog** to be in an embarrasing situation [lit: **súpog**-ashamed, bashful, coy] «44»

**mapu'ón** will start [**pu'ón**-start, beginning] «27»

**mapúndo** to stop [**púndo**-stop] «9»

**Mapungó** a barangay in the municipality of Paracale, Camarines Norte «16»

**mapupúndo** will stop [**púndo**] «33»

**mara'ót** to get damaged [**ra'ót** -ruined, destroyed] «12»

**maráy** very, very much «7»

**marepresentár** will represent [**representár**-to represent] «36»

**marháy** very (much) [**raháy**-good, fine] «4»

**maribók** trouble [lit: **ribók**-noise, commotion] «48»

**marisá** determine [**risá**-to notice, to detect] «20»

**Márso** March «17»

**Mártes** Tuesday «9»

**mas** more «9»

**masasarígan** reliable [**sárig**] «47»

**maselebrár** will celebrate [**selebrár**-to celebrate] «30»

**máski** even if, it doesn't matter «6»

**masukití(ng)** criticizing [**sukití**-to criticize] «43»

**masunód** next [**sunód**-to follow] «20»

**masupórta** will support [**supórta**-support] «28»

**masusopgón** ashamed [**súpog**-shy] «20»

**matá** eyes «30»

**matagás** hard [**tagás**-hard, tough] «22»

**matangá'(ng)** late at night «11»

**mata'ó(ng)** will give [**ta'ó**-to give, issue] «26»

**matatahóban** will be covered [**táhob**] «30»

**matatanda'án** can be remembered [**tandá'**-recall] «31»

**matatápos** will be finished [**tápos**-finish, end] «3»

**materyál** material «49»

**matonínong** peaceful [alt: **tunínong**-peace, calm] «13»

**ma-uláng** to block [**uláng**-barrier; to obstruct] «35»

**mawaswás** to burst with a sudden flow of water «12»

**may** there is «4»

**maydaráng** (who) was carrying [**dará**-to carry] «47»

**Máyo** May «26»

**máyo'** nothing, there are none, to have none [alt: **da'í**] «9»

**máyo'(ng)** no; none [**máyo'**] «22»

**mayór** major «32»

**mayoría** majority «32»

**maysadíri** owner «2»

**ménos** less «33»

**Mercédes** a town in Camarines Norte «16»

**merkádo** market [alt: **mercado**] «3»

**Metro Manila** Manila and surrounding urban areas «18»

**métros** meters «17»

**mga** plural noun marker [alt: **manga**] «1»

**MGOO** Municipal Government Operation Officer(s) «23»

**mi** our (exclusive) «42»

**midbíd** known, acquainted, familiar with «49»

**miémbro** member «9»

**miémbros** members «13»

**miéntras** while «16»

**miéntrastánto** meanwhile «30»

**Miérkoles** Wednesday «23»

**mil** thousand «3»

**mil nuwebe siyentos otsenta i sais** 1986 «3»

**militár** military «9»

**militia ng bayan** national army [Tag] «28»

**milyón(es)** million «3»

**minaabót** will be reaching [**abót**-reach] «8»

**mina-corner** to corner «44»

**minakompuésto** composed of [**kompuésto**-compose] «28»

**mina-negár** still denying [**negár**-to deny] «38»

**minapaáram** ask permission [**áram**- to know] «6»

**minarepresentár** represents [**representár**-to represent] «27»

**minasákop** covered [**sákop**-to have jurisdiction over] «17»

**Mindanáo** the second largest and southernmost of the major islands of Philippines «30»

**minúto(ng)** minute «16»

**mísmo** very, that specific one «9»

**mísmo(ng)** even; specifically «30»

**mo** you (singular) «37»

**mo(ng)** your, you (singular) «44»

**mobimiénto** movement «28»

**multi-nasionál** multi-national «49»

**munisipál** municipal «3»

**munisípio** municipal building «3»

**músika** music «48»

# N

**na** linker used in adjectival phrases «1»

**na** now; already «1»

**na(ng)** already + linker «7»

**naagapán** was saved [**agáp**-to save; to help, aid] «19»

**naaráman** was known [**áram**-to know] «26»

**nabadíl** was shot [**badíl**-gun] «16»

**nabáwi'** confiscated [**báwi'**-to take back] «17»

**Nabua'** a town in Camarines Sur «24»

**nabúta** was blinded [**búta**-blind] «30»

**nadakóp** was caught [**dakóp**-to arrest, to catch] «18»

**nadanyarán** damaged [**danyár**-to damage or destroy] «11»

**naeénot** earlier (days) [alt: **ínot**-first] «19»

**naelihír** elected [**elihir**] «40»

**naénot** first, before [**énot**] «32»

**naerído** was injured [**erído**-wounded] «16»

**Nága** city in Bikol region «2»

**nag-aabót** almost, about «33»

**nag-aaragáwan** trying to snatch from each other [**ágaw**-to snatch, grab] «24»

**nag-aatendér** attending [**atendér**-to attend] «16»

**nag-aayúda** giving aid [**ayúda**-help] «38»

**nagadán** died, dead [**gadán** ] «11»

**nag-aktuár** takes action [**aktuar**-to put into action] «35»

**nag-arestár** those who arrested [**arestár**-to arrest] «18»

**nagbalík** returned [**balík**-to return, to turn over or turn around] «28»

**nagbatíkos** criticize [Tag: **batíkos**-severe criticism, refute] «28»

**nagbáyad** has paid [**báyad**-payment, fee, gratuity] «27»

**nagbisíta** visited «32»

**nagbobóla** holding a raffle using numbered balls [**bóla**-ball; raffle] «24»

**nagbúnga** resulted in [**búnga** -fruit, result] «24»

**nagdudúlok** approaching [**dúlok**-to approach] «20»

**nagdulág** escaped [**dulág**-to escape] «18»

**nagdurár** lasted [**durár**-duration] «11»

**nag-eedád** about the age of [**edád**-age, years] «22»

**nag-gigíbo** one who makes, is making [**gíbo**-make] «11»

**nag-gíkan** originated; came from [**gíkan** ] «11»

**naghahalát** waiting; anticipating [**halát**-to wait] «15»

**naghahánap** searching [**hánap**-to look for] «22»

**naghihingáko'** confessed [**áko'**-admit, concede] «49»

**naghohook-up** are hooking up «6»

**naghuhurót** urging [**hurót**-to urge, to persuade] «24»

**nagíging** became «17»

**nagigirumdomán** to recall [**girumdóm**-to remember] «35»

**nag-iínit** controversial [**ínit**-heat] «49»

**nag-iirinóman** on a drinking spree [**inóm**-to drink] «19»

**nag-iiristár** residents [**istár**-to live, reside] «33»

**nag-iiríwal** fighting one another [**íwal**-quarrel] «48»

**náging** became «20»

**naginibóhan** completed projects; work done «3»

**nagkadarakóp** were captured [**dakóp**- to catch, to capture] «17»

**nagkaeririído** were injured [**erído**-injured] «16»

**nagkagaradán** were killed [**gadán**-dead] «17»

**nagkahorubá'an** undressed [**húba'**-naked from the waist up] «41»

**nagkaigwá** had [**igwá**-to have] «31»

**nagkakairintiendéhan** understanding [**intindí** - understand] «48»

**nagkakaorúyon** in harmony [lit: **úyon**-agree] «48»

**nagkakapirá(ng)** several [**pirá**-how many, how much] «17»

**nagkakarígos** swimming [**karígos**-to swim; to bathe] «22»

**nagkakasararó'** united [**saró'**-one] «35»

**nagkakasurondó'** united [lit: **sundó'**-to reach to an agreement] «48»

**nagkakorubhanán** shocked or startled [**kubhán**-to shock] «41»

**nagkatirípon** were confiscated [lit: **típon**-to collect, to assemble] «1»

**nagkokolékta** (are) collecting [**kolékta**-to collect] «21»

**nagkokondusír** conducting [**kondusír**-to conduct] «20»

**nagkonpórme** conformed, agreed [**konpórme**] «32»

**nagkuku'á** [fig.] charge [**ku'á**-to take] «4»

**nagkukura'mósan** smearing (negative criticism) [lit: **kurá'mos**-to wash or wipe the face] «48»

**nagkusóg** became stronger [**kusóg**-strength] «24»

**naglalatáw** appear [**latáw**-to float] «20»

**naglalatáw-látaw** floating [**latáw**-to float; to appear] «22»

**nagluluwás** came out, turned out [**luwás**-outside, come out] «25»

**nagluwás** came out [**luwás**-to exit, to go out] «49»

**nagmamaného** was driving [**maného**-to drive] «29»

**nagmamasíd** witnesses [**masíd**-to observe] «12»

**nagnegár** denied[**negár**-to deny] «38»

**nagngangáran** named [**ngáran**-name] «18»

**nag-ooperár** was operating [**operár**-to operate] «28»

**nag-operár** operated [**operár**-to operate] «20»

**nagpaháyag** announced [**háyag**-announce, inform] «30»

**nagpaluwás** released [**luwás**-come out ] «25»

**nagpapadágos** continuous(ly) [**dágos**-to enter; to admit] «25»

**nagpapa-Diyós mabalos** expression of giving thanks «14»

**nagpapamaháw** was having breakfast [**pamaháw**-breakfast] «18»

**nagpapatáw-pátaw** floating «22»

**nagpatánid** warned [**tánid**-to warn] «20»

**nag-piésta** celebrated the fiesta «26»

**nagplantár** filed or lodged (a complaint or grievance) [**plantár**-to set up] «33»

**nagreklámo** complained [**reklámo**-complain] «12»

**nagrekomendár** recommended «49»

**nagresúlta** resulted [**resúlta**] «18»

**nagsábi** said [**sábi**-to say] «33»

**nagsagín-ságin** pretend to be somebody «49»

**nagsapó'** suffered [**sapó**-to suffer] «16»

**nagsasábi** said [**sábi**-to say] «35»

**nagsasaralpókan** clashing, colliding [**salpók**-to collide with] «48»

**nagsayúma** refused [**sayúma**] «18»

**nagséminar** attended a seminar «23»

**nagsisimbág** answered [**simbág**-reply, acknowledge] «15»

**nagsisiri'wágan** opposing (one another) [lit: **sí'wag**-to splash water using the hands] «48»

**nagsúgo'** ordered [**súgo'**-order] «25»

**nagsúko'** surrendered[**súko'**] «29»

**nagsúko(ng)** surrendered [**súko'**-to surrender] «49»

**nagsumbóng** reported [**sumbóng**-to report about] «33»

**nagsumpá'** took an oath, promised [**sumpá'**-oath, promise, pledge] «28»

**nagsurúko'** surrendered [**súko'**-to surender, to give up] «17»

**nagsusúgo'** ordered [**súgo'**-order] «35»

**nagsusupórta** supporting [**suporta**-to support] «9»

**nagtalikód** past [lit: to turn around] «1»

**nagtáma'** hit [**táma'**-to hit, to win] «16»

**nagta'ó** gave [**ta'ó**-to give] «32»

**nagta'ó(ng)** gave [**ta'ó**-to give] «42»

**nagtarám** gave a lecture [**tarám**-to speak] «32»

**nagtata'ó** giving, rendering [**ta'ó**-to give] «10»

**nagtatábang** supporting or helping [**tábang**-to help] «9»

**nagtatarábang** helping each other «9»

**nagtatarám** are speaking [**tarám**-to speak] «20»

**nagtatrabáho** working [**trabáho**-to work] «13»

**nagtatransportár** was transporting [**transportár**] «46»

**nagtugá'** confessed [**tugá'**-to confess, to tell the truth] «25»

**nagunóng** obtained [**gunó'**-to pick fruits] «47»

**nag-útang** obtained a loan[**útang**-debt, loan] «27»

**nagwalá'** ran amuck [**walá'**-to go crazy, berserk] «19»

**nahahalóy** long time[**halóy**] «26»

**nahihilíng** seen, visible [**hilíng**-to see] «17»

**nahilíng** saw, been seen [**hilíng**-to see] «8»

**nahúlog** fell [**húlog** - to fall] «18»

**naiintindíhan** understand [**intindí**] «10»

**nakaági(ng)** last; past (denoting time) «9»

**naka-atendér** attended [**atendér**-to attend] «32»

**nakaatúbang** facing [**atúbang**-front] «18»

**nakabanggá(ng)** was hit in a collision[**banggá'**-to hit, collide] «29»

**nakabáse** base on [**báse**-base, basis] «24»

**naka-báwi'** were able to recover [**báwi'**-to retrieve, take back] «47»

**nakabudál** hit, collided with [**budál**] «29»

**nakadakóp** caught [**dakóp**-to arrest, catch, capture] «17»

**nakadalágan** working, functional, operational [lit: **dalágan**-to run, to operate] «11»

**naka-danyár** damaged «12»

**nakadestíno** assigned [**destíno**-assignment, post] «11»

**nakadulág** was able to escape [**dulág**-to escape] «18»

**nakagadán** were able to kill [**gadán**-dead] «47»

**nakahilíng** witness, have seen [**híling**-to see] «11»

**nakahook-up** were able to hook up «6»

**nakakaáram** knows; has the knowledge [**áram**-to know, to learn] «9»

**nakakagúno'** can collect or accumulate «49»

**nakakaína'** reduced [**ína'**-to remove, to reduce, to lessen] «33»

**nakakarepáro** notice [**repáro** -to take notice of] «13»

**naka-kárga** which were loaded [**kárga**-baggage, cargo, freight] «47»

**nakakarulusót** was sneaked through [**lusót**-to make it through without being caught] «46»

**nakakata'ó** can give [**ta'ó**-to give] «48»

**nakakonpiskár** were confiscated [**konpiskár**-to confiscate] «17»

**nakapaláman** stated, included [**paláman**-imprinted] «27»

**nakatalá'** was written [**talá'**-to write] «48»

**nakatalá'an** scheduled [**talá'**-deadline, schedule] «18»

**nakatikló'** captured [alt: **tukló'**-to grasp, nab] «47»

**nakomité** committed [**komité**] «18»

**nakonpiskár** confiscated [**konpiskár**-to confiscate] «17»

**naku'á** found [**ku'á**-to obtain] «22»

**naku'á(ng)** found [**ku'á**-to take, to get] «16»

**nakulógan** were hurt [**kulóg**-pain, ache] «10»

**nalamós** was drowned [**lamós**-to drown] «16»

**nalugádan** injured [**lúgad**-wound, injury] «11»

**nalulunádan** (vehicle) being ridden in[**lúnad**-to ride] «29»

**namamahála'** management [**bahála'**-responsibility] «13»

**namamanwá'an** citizens, populace [**banwá'an**-town, country] «27»

**namán** again, really «19»

**namatí'an** feeling [**máti'**-to feel] «10»

**nambíktima** victimized [**bíktima**-victim] «20»

**namemelígro** in danger [**pelígro**-danger, hazard] «33»

**namemerwísio** disrupting «12»

**namerwísio** disrupted [**perwísio** -damage, disturbance] «12»

**namumugták** located at [**bugták**-to position, locate] «35»

**namumugtákan** where a person or object is located [**bugták**-to place] «26»

**nandakóp** were catching [**dakóp**-to catch] «31»

**nangangahulugán** signifies, means [**kahulugán**-meaning, significance] «27»

**nangenótan** head, leader [**énot**-first, lead] «32»

**nanggadán** killing [**gadán**-corpse, dead] «19»

**nangyári** occurred; happened «11»

**nanonóngdan** authority «33»

**napag-aramán** it was known [**áram**-to know, to learn] «47»

**napíli'** was chosen [**píli'**-choose] «40»

**napirítan** was forced [**pírit**-to force someone to do something] «17»

**NAPOCOR** National Power Corporation «14»

**napú'on** started [**pú'on**-start, beginning] «20»

**napúndo** was stopped [**púndo**-to stop, to cease] «11»

**nará'ot** was damaged [**rá'ot**-ruin] «29»

**naresibí** were received [**resibí**] «47»

**nása** be at, in, on, about «28»

**nasábi(ng)** said [**sábi**-state or say] «11»

**nasambít** mentioned, said [**sambít**-to mention] «11»

**nasasakúpan** having jurisdiction over [**sákop**-jurisdiction, territory] «23»

**nasión** nation «9»

**nasional** national «46»

**nátad** yard «26»

**natanda'án** was able to remember [**tandá'**-recall] «29»

**nata'ó** give (credit) [**ta'ó**-to give] «6»

**natápos** was completed [**tápos**-finish, end] «26»

**natomtóm** burned, charred «11»

**nauntóg** bumped his head [**untóg**-to bump the head] «34»

**naútang** what was loaned [**útang**-loan] «27»

**nawaswás** burst open with a strong flow of water; overflowed «12»

**nawawará'** missing [**wará'**-to be lost] «22»

**NDF** National Democratic Front «28»

**negádo** unfit, incapable[Sp.] «38»

**negosiánte(ng)** businessman «20»

**ngáni'** indicates confirmation; indeed «11»

**ngáni(ng)** so that, indeed «32»

**nginaránan** named, identified, mentioned [**ngáran**-name, title] «49»

**ngípon** teeth «17»

**ngonián** now; today [alt: **ngunyán**] «8»

**ni** personal name marker «3»

**NIA** National Irrigation Administration «12»

**niató'** our (inclusive) «48»

**nin** noun marker (non-specific) «1»

**nindá** they; their «3»

**nindó** you (pl) «6»

**niyá** he, she, it «42»

**niyá(ng)** he, she, it; his; by him «9»

**niyáon** (It is) there; over there «6»

**Nobiémbre** November «32»

**NPA** New People's Army «9»

**NPC** National Power Corporation «13»

**número** number «29»

**nungká** never «49»

**nuwébe** nine «3»

# O

**o** or «11»

**Ocámpo** a town in Camarines Sur «3»

**OIC** Officer In Charge «39»

**okasión** occasion «23»

**omá** farm; fields, especially rice [alt:**uma**] «12»

**operadór** operator «17»

**operasión** operation «1»

**opinión** opinion [alt: **opinyón**] «14»

**opisiál** official «24»

**opisiáles** officials «14»

**opisína** office «20»

**óras** time; hours «6»

**ordén** order, command «25»

**ordinánsa** ordinance «31»

**ordinário(ng)** ordinary «30»

**osmák** shmuck; disgusting «43»

**ótso** eight [alt: **ochó**] «5»

**otso siyentos mil** 800,000 «3»

# P

**PA** Philippine Army «4»

**paági** means [**ági**-way] «27»

**paági(ng)** way [**ági**-path] «13»

**paáramon** were informed [**áram**-to know, be aware of] «22»

**pabór** favor «14»

**paboráble(ng)** favorable «14»

**pabúlang** cockfighting [**búlang**- blade on the leg of a fighting cock] «17»

**padágos** continuous [**dágos**-carry on] «25»

**padalágan** management or operation [**dalágan**-to run] «13»

**pada'túlan** excuse [lit: to act like a chopping board] «46»

**pádi'** priest «29»

**pag-abót** to reach [**abót**-to arrive, to reach] «27»

**pag-ádal** study [**ádal**-to study] «27»

**PAGASA** Philippine Astronomical, Geophysical, and Scientific Administration «30»

**pag-atúbang** to be facing [**atúbang**-to face, in front] «27»

**pagbabalík** the return [**balík**-return] «28»

**pagbabaréta'** news reporting [**baréta'**-news] «5»

**pagbabáyad** payment [**báyad**-fee] «48»

**pagbalgá** violation [**balgá**-violate] «31»

**pagbalík** the return [**balík**- return] «28»

**pagbalyó** the transfer [**balyó**-to transfer, move] «35»

**pagbantáy** the watching over or guarding of [**bantáy**-to guard] «46»

**pagbáyad** payment [**báyad**-fee] «13»

**pagbisíta** visit [**bisíta**-visitor, to visit] «24»

**pagbóla** raffle operation [**bóla**-raffle or lottery drawing] «17»

**pagboyagyág** declaration, announcement [**boyagyág**] «49»

**pagbu'ót** commanded, ordered [**bu'ót**] «48»

**pagbugták** the putting or setting up of [**bugták**-to put or to set up] «31»

**pagbukás** opening [**bukás**-open] «27»

**pagdakúpan** a place for catching [**dakop**] «31»

**pagdangóg** hearing [**dangóg**-to hear] «45»

**pagdelibér** delivery «34»

**pag"dive"** diving «22»

**pagdúda** suspicion «34»

**pag-eensáyo** exercises [**ensáyo**-practice] «23»

**pag-eksámin** examining [**eksámin**-exam, examination] «20»

**paggámit** the use of[**gámit**-to use] «30»

**paghahánap** search [**hanáp**- to look for. to search] «16»

**pagkákot** hauling [**hákot**- carry] «33»

**paghalí'on** lose , send away [**háli'**-to leave] «37»

**paghiró'on** the moving around [**hiró'**-to move around, stir] «35»

**paghúbo'** the transfer [**húbo'**-to move to a new place] «35»

**paghúna'** assumption [**húna'**-opinion, judgement] «42»

**pagigíng** was becoming «49»

**pag-implementár** implementation [**implementár**-to implement] «32»

**pag-iribá** companions [**ibá**-to include] «14»

**pagirinítan** disputes, arguments[**init**-angry; hot] «31»

**pagisisiyásat** investigation [**siyásat**-to investigate] «34»

**pagka-ága** the next day (morning) [**ága**-morning] «22»

**pagka-áram** knowledge of [**aram**- know] «25»

**pagkaerído** injury [**erído**-wounded] «19»

**pagkagadán** death [**gadán**] «19»

**pagkahápon** in the afternoon «32»

**pagkakagíbo(ng)** construction [**gíbo**-to make] «12»

**pagkakaigwá** of having «31»

**pagkakataón** chance, opportunity, time, occasion [**ta'ón**-year] «9»

**pagkakauntóg** the bumping of the head [**untóg**] «34»

**pagkakonkón** incarceration [**konkón**-to lodge somebody in jail] «31»

**pagkalamós** drowning [**lamós**-to drown] «22»

**pagkalíhis** after being passed over, missed [**líhis**-to pass by] «16»

**pagkalót** excavation or digging [**kalót**-to dig] «33»

**pagkalúgad** bruises [**lúgad**-injury, wound] «18»

**pagkalúgi'** loss (of money)[**lúgi**-loss] «27»

**pagkasaksák** stabbing [**saksák**-to stab] «24»

**pagkatápos** after(ward) [**tápos**-completed, done, ended] «18»

**pagkatikapó** shortage [**tikapó**-lacking] «35»

**pagkolékta** the act of collecting [**kolékta**-to collect] «9»

**pagkondúkta** the conducting of [**kondúkta**] «47»

**pagkonstruír** construction [**konstruír** - to construct] «3»

**pagkóntra** contrary, against [**kóntra**-to contradict, against] «9»

**pagku'á** excavation [**ku'á**-to take] «33»

**paglakóp** spreading out [**lakóp**-to spread, disperse] «11»

**paglápag** the apprehending of [**lápag**-to pursue] «46»

**paglilikidár** liquidation [**likidár**-to liquidate] «28»

**paglipát** the transfer [**lipát**-to move, to transfer] «35»

**pagmaígot** strong effort [**ígot**- persistent] «13»

**pagmantenír** maintenance [**mantenír**] «27»

**pagmína** mining [**mína**-mine] «33»

**pag-obserbár** in observing «30»

**pag-oorolayán** what is being talked about [**oláy**-to speak] «27»

**pag-operár** work [**operár**-to operate] «28»

**pag-orolayán** dialogue, negotiations [**oláy**-to talk] «31»

**pagpadalágan** how to run; management or operation [**dalágan**-to run] «23»

**pagpaháyag** announcing [**háyag**-to inform] «49»

**pagpakarháy** renovation [**ráhay**-good, fine] «3»

**pagpakísame** putting up of the ceiling [**kísame**-ceiling] «26»

**pagpalakáw** management or operation [**lakáw**-to walk] «48»

**pagpapalusót** sneaking out or smuggling [**lusót**-to make it through without being caught] «46»

**pagparaisípon** the thinking of [**isíp**-think] «27»

**pagpasinábi** statement [**sábi**-to say] «49»

**pagpatindóg** the establishment, building, erecting [**tindóg**-to stand, to build] «3»

**pagpilí'** the selection of «47»

**pagpipilí'an** choice [**píli'**-to choose, to select] «27»

**pagprobár** proven intention [**probár**-prove] «49»

**pagpu'ón** starts, starting (from) [**pu'ón**-to start, to begin] «45»

**pagputók** explosion [**putók**-explode, burst] «16»

**pagputól** cutting of [**putól**-to cut] «17»

**pagrátak** degrading, destroying [**rátak** - lit: to waste or to destroy] «9»

**pagrip-ráp** reinforcements, retaining walls [**rip-rap**-referring to breakwater or riverbank supports] «3»

**pagrorogáring** property [**rogáring**] «11»

**pagsakyáda** act of raiding; raiding operation [**sakyáda**-to raid] «9»

**pagsasadíri** owned by [**sadíri**-property] «29»

**pagsérbi** in service [**sérbi**-to serve] «30»

**pagsikwál** renouncement [**sikwál**-to renounce, to ostracize] «28»

**pagta'ó** in giving [**ta'ó**-to give] «36»

**pagta'ó(ng)** the act of giving [**ta'ó**-to give; to impart or issue] «9»

**pagtará'id** neighboring [**tá'id**-to be alongside] «27»

**pagtaráning** neighboring «20»

**pagtí'os** hardship, suffering [**tí'os**] «48»

**pagtubód** belief [**tubód**-to have faith in, to believe] «37»

**pagtukdó'** teaching [**tukdó'**-to teach, to coach] «32»

**pagtupás** eroding [**tupás**-to erode] «33»

**paguswág** development [**uswág**-to develop, to improve] «26»

**paháyag** announcement «2»

**pa-huéteng** huéteng operation [see **hueteng**] «17»

**paka** while, when «8»

**pakakalusót** the smuggling of [**lusót**] «46»

**pakikipagtabángan** in cooperation with [**tábang**-to help] «23»

**pakinabángan** to be beneficial, useful [**pakinábang**-purpose] «27»

**palán** indicates surprise «7»

**paltík** a homemade revolver «47»

**pamamayó** head; chief «47»

**pamantayan** principle «49»

**pamayó** head [**payó**] «17»

**pambáto'** best entry; best bet «47»

**Pambuhan** a barangay in Mercedes, Camarines Norte «16»

**pamília** family «3»

**pamóso(ng)** famous; well known «2»

**pampáng** (river) bank «33»

**pampúbliko** for the public [**público**] «3»

**pampúbliko(ng)** (for the) public «36»

**panahón** time period «20»

**pananagá'** hacking [**tagá'**-to hack, to cut] «19»

**pandadakóp** consecutive or successive arrest [**dakóp**- capture] «25»

**Pandan** a municipality in Catanduanes «19»

**pa(ng)** yet; still; also «3»

**pang-aabúso** offenses [**abúso**-abuse, grievance] «18»

**pang-aapí** abuses [**apí**- oppressed] «19»

**pangáran** name [**ngáran**-name, title, identity] «9»

**Pangasinán** a province in Central Luzon «32»

**panggagadán** murder [**gadán**-corpse; dead] «18»

**pang-gána** in winning [**gána**-to win] «15»

**pang-imprastraktúra** infrastracture «27»

**pangi-ngénot** headed by [**énot**- first, lead][alt:**inot**] «14»

**pangkatoninóngan** for peace «47»

**pangkiná'ban** pertaining to the world, universal [**kiná'ban**-earth] «27»

**paninindógan** stand, principles [**tindóg**-to stand] «48»

**panunumpá'** oath taking [**sumpá'**-oath, promise] «28»

**papatindogón** will be constructed [**tindóg**-to erect] «26»

**papél** paper «46»

**papél** role [lit: paper] «30»

**papulí'** going home [**ulí'**-to return home] «29»

**pára** for «7»

**para-trawl** trawlers «31»

**para-welding** welder «30»

**Paracale** town in Camarines Norte «16»

**paragámit** users «1»

**paragíbo** maker [**gíbo**-to make] «22»

**parakálot** digger or excavator [**kalót**-to dig] «33»

**paraóma** farmer [**omá**-farm] «19»

**parapabákal** drug pushers [lit: vendor, seller] «1»

**parasíra'** fisherman [**sirá'**-fish] «16»

**paratukdó'** teacher [**tukdó'**-to teach] «32»

**paráti(ng):** usually; always «20»

**parého(ng)** the same «16»

**párke** park «46»

**pároko** parish «29»

**párte** parts «3»

**párte(ng)** part «33»

**partído** party,as in a political party «28»

**partikularménte** particularly «20»

**pás** peace «48»

**Pasacao** a town in Camarines Sur «8»

**pasawáy** culprits [**sawáy**-to prohibit] «31»

**pásil** easy «42»

**Pat.** Patrolman «31»

**patánid** warning [**tánid**-to warn] «20»

**patí** even «10»

**patrabáho** construction [**trabaho**-work] «4»

**patúbig** irrigation system, waterworks system [**túbig**-water] «3»

**payó** head «18»

**PC** Philippine Constabulary «16»

**peké'(ng)** fake «20»

**periódiko** newspaper, periodicals «43»

**periódiko(ng)** newspaper [lit: periodical] «5»

**periodísta** journalist, newspaper person «42»

**pérme** always firm, unshaking [**pírme**] «38»

**permíso** permit «33»

**persóna** person «16»

**personalidád** personality «43»

**perwísio** disturbance «35»

**peryódo** time (period) «17»

**pésos** Philippine unit of currency(pl) [alt:**písos**] [abr: P] «3»

**petsá** date of the month «32»

**pierdída** loss [**piérde**] «27»

**pig-aandám** is being prepared [**andám**-to prepare] «31»

**pig-atenderán** attended by [**atendér**-to attend] «28»

**pigbílog** formed by [**bílog**-round, circle] «46»

**pigbisíta** visited «33»

**pigboyagyág** declared «3»

**pigbubunó'** slaughtered, butchered [**bunó'**-to butcher, to kill] «42»

**pigdadará** being sent or taken to other place [**dará**-to take, to bring] «25»

**pigdakóp** raided [lit: nabbed] «17»

**piggigíbo** conducted [**gíbo**-to do] «24»

**pighahákot** being hauled [**hákot**] «33»

**pig-iinóm** drink(ing) [**inom**-to drink] «8»

**pigkondusír** conducted [**kondusír**-to conduct] «23»

**pigkonpirmár** was confirmed [**konpirmár**-to confirm] «29»

**pigkonstruír** constructed [**konstruír**-to construct] «4»

**piglala'óman** expected [**lá'om**-hope, expect] «27»

**piglínaw** clarified [**línaw**-clear] «46»

**pigmamaného** was being driven by [**maného**-to drive] «29»

**pigmemerindalán** for snack [**merindál**-snack] «42»

**pigmidbíd** was identified [**midbíd**-acquainted, familiar with] «18»

**pigngaránan** identified [**ngáran**-name] «49»

**pig-organisár** was organized [**organisár**-to organize] «41»

**pigpadrinóhan** sponsored by [**padríno**-godfather] «23»

**pigpalód** cut down, logged [**palód**-to cut down trees] «46»

**pigpapamaháwan** for breakfast [**pamaháw**-breakfast] «42»

**pigpapamanggihán** for dinner [**pamanggí**-dinner or supper] «42»

**pigpapangudtúhan** for lunch [**pangudtúhan**-lunch] «42»

**pigpirmahán** signed [**pírma**-to sign] «49»

**pigpu'onán** started or begun [**pu'ón**-to begin] «26»

**pig-report** was reported «11»

**pigsayumáhan** denied [**sayúma**-to refuse] «49»

**pigsúgo'** ordered [**súgo'**-to order, commission] «34»

**pigsusúrat** what was written [**súrat**-to write] «29»

**pig-tatárget** target «32»

**pigtitínda(ng)** being sold [**tínda**-to sell, vend] «42»

**pigtutubód** being followed (as an order ) [**tubód**-to follow; to obey] «25»

**pigtutupás** by eroding or intentionally breaking down the riverbank [**tupás**-to erode] «33»

**pig-útang** borrowed (money) [**útang**] «27»

**Pilí** a town in the province of Camarines Sur «11»

**pinag-alók** invited [**alók**-offer, propose] «15»

**pinagayón** remodeled [**gayón**-nice, attractive] «26»

**pinagbistó** was identified [**bistó**-to know someone and be acquainted with] «16»

**pinagboyagyág** revealed and was released [**boyagyág**- to reveal] [lit: exposed] «16»

**pinagdududáhan** suspected [**dúda**-suspicion, doubt] «28»

**pinaglala'óman** is expected [**lá'om**-to anticipate, hope for] «26»

**pinagluwás** was released [**luwás**-out, outside] «35»

**pinagmidbíd** was identified [**midbíd**-to be familiar with] «19»

**pinagnegarán** denied [**negár**-to deny] «9»

**pinagngangalasán** something wondered about [**ngalás**-to wonder] «12»

**pinagsaróng** united or combined [**saró'**-one] «25»

**pinagtatagu'án** (suspected) hideouts [**tágo'** -to hide] «9»

**pinagtutubodán** believed to be [**tubód**-believe] «16»

**pinakaénot** very first, initial [alt:**inot**-first] «23»

**pinakamarhay** the best «47»

**pinakasadít** smallest [**sadít**-small] «23»

**pinamamahalá'an** workers, subordinates [**pamahála'** - to manage] «13»

**pinamamayuhán** headed by [**payó**-head] «18»

**pinansiál** financial «27»

**pinapaluwás** being released [**luwás**-to come out] «11»

**pinatanídan** warned [**patánid**-warning] «30»

**pinatindóg** was constructed [**tindóg**-to stand] «27»

**piníling** selected, chosen [**píli'**-to select, to choose] «5»

**pinu'nán** started [**pu'ón**-start] «24»

**pinutól** was cut [**putól**-to cut] «17»

**pirá** how many; how much «11»

**pirá(ng)** how much; how many «9»

**pirilí'an** election [**píli'**-to choose] «37»

**pírit** carefully [lit: to force, compel; to persuade forcefully] «48»

**pisngí** face [lit: cheeks] «16»

**pitó(ng)** seven «17»

**piyánsa** bail «31»

**pláka** license plate «29»

**pláno(ng)** plan «35»

**plantarán** to face charges [**plantár**-to file charges] «19»

**Población** a name of a barangay of Ocampo, central part of a town «3»

**podér** right, authority «46

**póko** some [lit: small amount] «33»

**Polangui** a municipality in Albay Province «25»

**polisía** police «11»

**politikál** political «23»

**polítiko** politician; politics «32»

**póndo** fund «27»

**póndo(ng)** funds «26»

**pormál** formal «33»

**porsiénto** percent [alt: **porciénto**] «4»

**posíble(ng)** possibly «20»

**presénte(ng)** present «33»

**presidensiál** presidential «35»

**presidénte** president «28»

**préso** convict «18»

**prestíhio** prestige «9»

**pribádo(ng)** private «49»

**primér** first «39»

**priméro** first «11»

**priméro(ng)** first «42»

**prisonéro** prisoner «18»

**probínsia** province «14»

**probinsiál** provincial «14»

**probinsiá(ng)** province «16»

**probléma** problem «31»

**prográma** program «5»

**progresíbo(ng)** progressive «48»

**propiedád** property «33»

**proséso** steps or process «49»

**proyéktos** projects «3»

**públikas** public «32»

**públiko** public «9»

**puérsa** force «25»

**puertáhan** door «6»

**Pulang Bato** sitio in Bakal, Paracale, Camarines Norte «16»

**pulgáda(ng)** inch; inches «30»

**pulís** police «9»

**pulong-púlong** discussion; meeting [Tag:pulong] «47»

**pundóhon** to stop [**púndo**-stop, cease] «24»

**púnto(ng)** point «15»

**pu'ón** starting «2»

**puság** strength [alt: **kusóg**] «13»

**puwéde** will, could [alt: **puéde**] «26»

**puwéde(ng)** could possibly «8»

**puwésto** post, position [alt: **puésto**] «10»

# R

**rádyo** radio «5»

**rasón** excuse [lit: reason] «10»

**ratákan** to ruin [**rátak**-to waste or squander] «49»

**rebélde(ng)** rebel «9»

**rebolusyonário(ng)** revolutionary «49»

**regulár** regular «17»

**rehimén** regime «35»

**rehionál** regional «34»

**reklámo** complaint «12»

**relasión** relationship «13»

**reparóhon** analyze [alt: **ripáro**-observe, to watch over] «48»

**representánte** representative «31»

**reresibihón** will be received by [**resibí**-to receive] «36»

**residénsia** residence «18»

**residéntes** residents «16»

**resolusión** resolution «24»

**resúlta** result «24»

**Rinconáda** a town near Iriga «17»

**RTC** Regional Trial Court «8»

# S

**sa** locative marker (at, to, in), time marker «1»

**Sábado** Saturday «5»

**sabáy** at the same time; simultaneous «15»

**sábi** according [lit: said, stated] «11»

**sadíri** self, oneself «37»

**sadíri(ng)** own, self «13»

**sagkód** through; until, up to, and «5»

**sagupáan** encounter, conflict [**sagupá**] «16»

**sahót** accusation «9»

**saímo(ng)** your (singular) «43»

**sa'ín** where «24»

**saindá** them, theirs, they «10»

**saindá(ng)** their, theirs «7»

**saindó** yours (plural) «42»

**saindó(ng)** your(s), for you(pl) «6»

**saíya** his, hers, its «16»

**saíya(ng)** his, hers, its «8»

**saká** and so «10»

**sakdúhan** source [**sakdó**-to get water] «25»

**sakíton** difficult [**sákit**-hard, tough] «39»

**sakó'** for me, mine «14»

**sakó(ng)** my, mine «10»

**saksák** stab «16»

**sakúpon** coverage area [**sákop**] «31»

**sakúya(ng)** my, mine «8»

**salá(ng)** crime [**salá'**-sin, mistake] «18»

**saldáng** sun, sunshine «30»

**sálog** river «16»

**sampúlo'(ng)** ten «17»

**samúya(ng)** our (exclusive) «42»

**San Jose** a municipality in Camarines Sur «26»

**San Juan** barangay of Iriga City «24»

**saná** only «14»

**saná(ng)** only, just, «6»

**sandígan** foundation [lit: something to lean on] «48»

**sangá** branch «23»

**sa'ngatán** to file «49»

**sanggúniang panglalawígan** provincial council [Tag] «14»

**saradít** small [**sadít**-small, little] «31»

**sararó'** united [**saró'**-one] «48»

**saró'** one, one of «2»

**saró(ng)** one «5»

**sasapo'ón** will suffer [**sapó'**-to suffer from hardship or pain] «27»

**sató'** ours (inclusive) [alt:**satúya**] «40»

**sató(ng)** our (inclusive) «48»

**satúya(ng)** our, us (inclusive) «37»

**según** according to «3»

**sekretário** secretary «27»

**selebrasión** celebration «9»

**semána** week «16»

**seménto** cemented pavement [lit: cement] «34»

**séminar** seminar «23»

**senádo** Senate «9»

**senadór** Senator «9»

**senyál** sign «22»

**Septiémbre** September «25»

**sérbi** use, point; serve «14»

**serbidór** (civil) servant «9»

**serbísio** service «27»

**serbísio(ng)** services «7»

**seremónia** ceremony «28»

**sesión** session «35»

**si** personal name marker (singular) «2»

**sidsidón** scrutinize [lit: **sidsíd**-to feel for something in water or sand, using the feet] «48»

**sigé** to go on; to continue doing something «39»

**sige-síging** continous [**síge**-okay, go on] «33»

**sí'isay** who «29»

**simbáhan** church «41»

**simpatía** sympathy «10»

**simpatisadóres** sympathizers «17»

**simplé** simple «9»

**sinábi** said, was said [**sábi**-to say] «3»

**sindá** they «16»

**sindá(ng)** they, their «4»

**singíl** charge; to collect money from debts «3»

**sinuló'** set on fire [**suló'**-fire, flame] «19»

**Sipocot** town in Camarines Sur «25»

**sirá'** fish «31»

**siriblág** divided [lit: **siblág**-to part or separate from, to depart] «48»

**sistéma** system «3»

**sítio** subdivision of a barangay «16»

**siudád** city [alt: **ciudád**] «1»

**siyá** he, she «8»

**siyám(9)** nine «16»

**siyentípiko(ng)** scientist «30»

**siyénto(s)** hundred [alt:**siéntos**] «3»

**so** particle indicating time in the past «9»

**soboót** allegedly; so-called «9»

**sóbra** more than [lit: excess, extra, surplus] «27»

**sobríno** nephew «19»

**soldádos** soldier «16»

**sorprésa(ng)** surprise; surprising «32»

**sosiedád** society «48»

**stainless** colloquial term used to refer to a local gin because of its clear bottle and content. «8»

**Sto. Domingo** barangay of Iriga City «24»

**Suál** a town in Pangasinan «32»

**sugál** gambling «17»

**súhol** bribe «20»

**sundáng** big knife; machete «19»

**sunód** next [lit:to follow] «42»

**sunód-sunód** successive [**sunód**-to follow] «25»

**supórta** support «14»

**supórtadores** supporters [**supórta**-to support] «28»

**súrat** letter; mail «49»

**súsog** according to «26»

**suspetsádo** suspect «16»

**suspetsádo(ng)** suspect; suspected [alt: **suspechádo**] «1»

**suwéldo** salary «7»

**swítik** greedy, dishonest [lit: a cheater] «4»

# T

**tá** that «6»

**Tabacó'** town in the province of Albay «7»

**tábang** support, help «35»

**tabángan** helped, aided by [**tábang**-to help one another] «37»

**tábi'** expression used for politeness please «10»

**ta'dáw** why [alt: **nata'daw**] «48»

**tagá** from «35»

**tagá-BIR** person from BIR «20»

**Tagalog** language of Manila and surrounding areas; also, basis for Pilipino (national language) «20»

**taga-luwás** a term referring to rebels [lit: outsiders] «9»

**taga-media** from the media «42»

**tagapagbaréta'** newscaster or newsreporter «5»

**tagapagtarám** speaker [**tarám**-to speak] «23»

**taga-Tabacó'** from Tabaco «15»

**taga-Tinambac** from Tinambac, Camarines Sur [**taga**-from, native of] «31»

**tagó'-tágo(ng)** hidden [**tágo'**-to hide, to conceal] «19»

**táhaw** middle «19»

**táma'** blow or hit in the right spot «19»

**táma'** right, true, correct «7»

**Tanauan** a town in the province of Batangas «18»

**tandá'** mark «22»

**ta(ng)** our (yours and mine) «37»

**tangáni(ng)** so that; to «18»

**tá'no** why «12»

**tanóg** sound, tone «48»

**ta'ón** year «3»

**ta'ón-ta'ón** every year, yearly «36»

**tápos** completed «26»

**Tariwara** barangay of Pandan, Catanduanes «19»

**tatarámon** statement [**tarám**-to talk, speak] «9»

**taúhan** aide [**táwo**-person] «24»

**ta'wán** will be given «36»

**táwo** people, person «9»

**tayá'** bet «24»

**teleskópio** telescope «30»

**téma** subject, theme «32»

**temporário(ng)** temporarily «31»

**tersér** third «39»

**tesoréra** treasurer «31»

**tina'wán** was given [**ta'wán**] «36»

**tinagá'** hacked [**tagá'**-to cut, gash] «19»

**tinamá'an** got hit [**táma'**-to win, to hit it right] «16»

**tinampó** road, street, highway «3»

**tinapá** smoked fish «11»

**tinata'ó** being given [**ta'ó**-to give] «7»

**tinirípon** gathered [**típon**-to gather, to collect] «25»

**tinúyaw** denounced [**túyaw**-to correct] «9»

**tiwála'** confidence, trust «9»

**tólos** immediately [**túlos**] «12»

**toto'ó** true «8»

**totorowadán** to turn one's back; to neglect [**tuwád** -to bend over with buttocks up and head down] «10»

**trabáho** work, job «13»

**trápiko** traffic «29»

**tres siyentos mil** 300,000 «3»

**tripulánte** crew; person manning a boat «31»

**tu'ó(ng)** right «30»

**túbig** water «3»

**túgang** sibling; brother or sister «32»

**tugtóg** music «48»

**tuló(ng)** three[alt:**tolo**] «17»

**tulós-túlos** immediately «16»

**tultól** well-done «27»

**túnay** real «20»

**tuntúngan** used as a stepping stone [lit: **tuntúngan**-steps] «49»

**tupáda** illegal cockfighting «17»

**túyaw** comments, complaints «46»

# U

**ubúson** to remove, to transfer or relocate [lit: **úbos**-to consume, to finish] «35»

**ugáli'** traits, character, manner, personality «38»

**ulangón** to prevent, to impede [**uláng**-to impede, obstruct] «35»

**untók** stop, cease «28»

**útang** debt «27»

**último(ng)** last «22»

# V-W-Y

**Villaflorida** name of a barangay of Ocampo «3»

**violéncia** violence, violent «16»

**Virác** capital of Catanduanes «18»

**waló** eight «33»

**y** and (Spanish term being used in written Bikol dialect) «9»

**y média** half (past the hour) «5»

**yá'on** over there «12»